아빠, 비상계엄이 뭐예요?

아빠, 비상계엄이 뭐예요?

지은이 이경재
그　림 손이아

초판 1쇄 인쇄 · 2025년 4월 25일
초판 1쇄 발행 · 2025년 5월 08일

펴낸곳 / 홍 림
펴낸이 / 김은주
등록 / 제 409-251002010000027 호
주소 / 경기도 김포시 김포한강로4로 420번길 30 한강비즈나인 1509
전자우편 / hongrimpub@gmail.com
전화 / 0507-1357-2617
총판 / 비전북(031-907-3927)

ⓒ이경재2025
ISBN 978-89-6934-059-7 (73300)

* 이 책 내용의 전부 또는 일부를 재사용하려면 반드시
  저작권자와 홍림 양측의 동의를 받아야 합니다.
* 책값은 표지에 있습니다.

아빠, 비상계엄이 뭐예요?

이경재 글 / 손이아 그림

홍림

> 이 책을 추천합니다

거짓말도 반복하면 진실이 된다

탄핵 심판 내내 계속되었던 부정선거 주장과 '계엄령이 아닌 계몽령'이라는 억지 소리를 들으면서 나치의 선전상 괴벨스를 떠올린 것은 자연스러운 결과일 것입니다. 그것은 과거 박근혜 정권 국정농단 사건의 증거물이었던 최순실의 태블릿 피씨가 조작되었다는 주장이 일부의 지지세력에 의해 맹신되는 것과 같은 구조입니다. 부정선거와 계몽령도 반복되면 자칫 '진실'이란 위상을 갖게 될 수도 있습니다. 아니 일부에선 이미 그렇습니다. 그것이 알고리즘에 의해 지배되는 디지털 세상에서 일어나는 일이기도 합니다. 이 책의 독자는 아이들이어야 하지만, 그냥 맡기고 읽어보라 할 일은 아닌 것 같습니다. 어른이 함께 읽고 가이드가 되어주면 더 좋을 것입니다.

손석희 언론인·전 JTBC 사장

대통령의 권한은 어디까지나 헌법에 의하여 부여받은 것이다

얼마 전 헌법재판소의 윤석열 전 대통령 파면 결정은 지난 123일간 온 국민이 노력해서 얻은 결과입니다. 이제는 그 이야기를 우리 아이들에게 들려줄 차례입니다. 『아빠, 비상계엄이 뭐예요?』는 여기에 참 좋은 교재입니다. 12.3내란에서부터 서부지법 폭동, 최종 탄핵 선고까지의 모든 과정에 대해서 알기 쉽게 잘 정리되어 있습니다. 헌법재판소와 중앙선거관리위원회, 국가수사본부 등 국가기관들의 역할, 헌법재판관의 숫자와 내란죄의 형량 등 시민들이 갖춰야 할 헌법 법률 상식과 좋은 언론에 대한 토론거리까지 두루 담겨 있습니다. 부모가 함께 읽다보면, 어느새 내 아이의 질문에 열심히 답해주는 엄마, 아빠 자신을 발견하게 됩니다. 아이와 알찬 대화를 원하는 모든 어른들에게 추천드립니다.

이탄희 변호사·전 국회의원

<알립니다>

1. 책 내용 중에 TV에 나오는 대통령이나 국회의장, 헌법재판관 등의 말은 실제 발언에서 그대로 따왔습니다.
2. '말잘해' 앵커와 '궁금해' 기자는 가상의 인물들입니다.
3. 모든 사건의 설명은 사실에 근거했습니다.
4. 각 장의 끝에 퀴즈와 질문을 넣었습니다. 퀴즈는 가볍게 풀고, 질문은 작성해 보길 권합니다.

이 책을 함께 읽을 부모님들께

2024년 12월 3일은 잊지 못할 날입니다.

'비상계엄이라니!'
처음엔 말문이 막혔습니다.

'아니, 이런~' '어휴~' '하, 참……'

텔레비전 뉴스 속보를 보며, 의미 없는 탄식만 쏟아냈습니다. 도대체 의도를 알 수 없어 공포에 짓눌렸던 밤, 국회 담을 뛰어넘은 의원들과 맨몸으로 국회 본관을 사수한 보좌진, 나를 대신해 국회 앞으로 뛰쳐나가 계엄군과 경찰을 밀어내고, 장갑차를 멈춰 세웠던 시민들, 그리고 무조건 따라야 하는 상부의 명령에도 양심의 소리에 귀 기울이고 불법적인 명령에 주저했던 젊은 군인들이 있었기에 우리는 그 공포와 어둠에서 벗어나 소중한 일상과 마주할 수 있었습니다.

하지만 대통령의 비상계엄 선포가 몰고 온 파장은 컸습니다. 안 그래도 '저성장 고물가'에 허덕이던 경제는 직격탄을 맞았습니다. 코스피와 코스닥의 하락, 환율의 상승, 기업의 수출 중단과 투자 축소, 해외 관광객의 감소 등은 실물 경제의 숨통을 조이고 있습니다. 이창용 한국은행 총재도 지난 2월 국회 청문회에 나와 "비상계엄 이후 우리나라의 경제에 상당한 손실이 있었다는 건 부인할 수 없는 사실"이라고 토로했습니다.

국격도 단기간에 추락했습니다. 지난 2월 영국 주간지 《이코노미스트》의 인텔리전스 유닛이 발표한 민주주의 지수에서 우리나라의 민주주의 성숙도는 전 세계 167개 나라 가운데 32위로 전년보다 10단계 하락했습니다. 일본의 신용평가사 R&I가 지난 1월 실시한 국가 위험도 조사에서도 우리나라는 34위로 직전 조사보다 9계단 떨어졌습니다.

비상계엄 사태가 가져온 가장 심각한 문제는 사회적인 혐오와 불신, 극단주의의 횡행이라 생각합니다. 정치적인 의견 차이와 합법과 불법의 경계선이 모호해졌고, 헌법기관이 폭력으로 부정당하는 사상 초유의 사태까지 벌어졌습니다. 일부 정치인들은 자신들의 우월적 지위를 이용해 불법과 폭력을 조장하고, 그것으로 오히려 이득을 취하고 있습니다. 일부 종교인들은 교리를 설파하라고 주어진 권위를 비정상적으로 악용하고 있습니다. 평소에도 궁금한 게 많은 아들의 질문이 많아졌습니다.

"아빠, 계엄이 뭐예요?", "국회의원은 뭐하는 사람들이에요?", "헌법재판소는 뭐고, 탄핵은 뭐고, 대통령은 그래서 어떻게 되는 거냐고요?"

혼란의 시대, 제가 해야 할 일이 떠올랐습니다. 어쩌면 아이들에게 지금의 이 상황은 국가 운영과 민주주의의 작동 원리를 배울 수 있는 살아 있는 '교육의 장'이란 생각이 들었습니다. 국가기관이 어떤 일을 하고, 서로 어떻게 견제하고, 또 헌법의 가치는 무엇인지, 우리는 매일 쏟아지는 뉴스를 보며 배우고 있었습니다.

궁금한 게 많은 12살 아들의 질문과 뉴스에 조금 가깝게 닿아 있는 26년 차 기자의 현실 인식이 맞닿아 『아빠, 비상계엄이 뭐예요?』를 기획했습니다. 이 책이 우리의 미래인 어린이들이 상식과 법치의 테두리 안에서 좀 더 건강한 사회 구성원으로 자라는 데 조금이나마 도움이 될 수 있다면 더 바랄 게 없을 것 같습니다.

촉박한 시간에 뜻을 같이하고 두 팔 걷고 애써주신 출판사 <홍림>의 김은주 편집장님, 훌륭한 삽화로 졸고를 빛내주신 손이아, 장누리 작가님 감사합니다. '그래이집'에서 가장 작은 방이지만 소중한 저만의 공간에서의 시간을 허락해 준 가족들에 고맙습니다. 특히 이 책이 나오게 된 건, 한없이 느리지만 생각이 많고 궁금한 걸 참지 못하는 아들 덕분이었습니다.

'네가 지금 거기에 있는 이유는, 그동안의 시간과 노력과 주변의 지지가 있기 때문이야.'

지난해 출간한 『그래, 이 집에 삽니다』에서 제가 썼던 말입니다. 다시 한번 이 말을 새기고, 용기를 얻습니다. '제일 아름다운 풍경, 모든 것들이 제자리로 돌아가는 풍경'을 소망합니다.

2025년 4월

이정서

차 례

이 책을 함께 읽을 부모님들께 7

1. 비상계엄을 선포합니다 14

2. 비상계엄을 해제합니다 21

3. 부정선거가 말이 되나요? 39

4. 대통령 탄핵소추안 통과 47

5. 민주주의를 지킵시다 57

6. 올바르고 바람직한 언론의 역할 69

7. 대통령 체포와 내란 혐의 82

8. 극단주의와 폭력의 잉태 92

9. 피청구인 대통령 윤석열을 파면한다 104

10. 우리가 바라는 대통령은…. 117

부록 윤석열 대통령 탄핵사건 선고 요지 126

등장인물

아들
호기심 많은 초등학교 5학년
전교부회장

아빠
아들의 질문이 피곤하지만
올바른 답을 해주기 위해
노력하는 가장

말잘해 앵커
날카로운 시각과
따뜻한 마음을 겸비한
베테랑 뉴스 앵커

궁금해 기자
뉴스가 있는 곳이면
어디든 달려가는
민완, 그리고 미남 기자

 비상계엄을 선포합니다

 아빠, 텔레비전에서 대통령이 '비상'이라는데요?

 네가 맨날 말을 안 들으니까 비상이지!

 아, 그런 게 아니라 이리 와봐요!

 저는 이 비상계엄을 통해 망국의 나락으로 떨어지고 있는…….

 어, 이게 무슨 소리지? 그럴 리가 없는데, 가짜 뉴스인가?

TV에서 가짜 뉴스가 나온다고요?

 저는 지금까지 패악질을 일삼은 망국의 원흉, 반국가 세력을 반드시 척결하겠습니다.

 어이쿠, 이게 무슨 일이야! 진짜 뉴스인가 보네.

- 아빠, 비상계엄이 뭐예요? 무서운 말이 막 나오는데, 망국은 뭐고, 패악질은 뭐고……
- 잠깐만, 아빠도 상황이 이해가 안 가서, 뉴스를 더 들어 보자.
- 아빠, 나 요즘 학교에서 한자 배우는데, 혹시 망국이 망할 망(亡)에, 나라 국(國)이에요? 그럼 우리나라가 망했다는 거예요?

말잘해 앵커

조금 전, 윤석열 대통령이 비상계엄을 발표했습니다. 아, 그러니까…… 누구도 예상하지 못한 일이었는데요. 저도 너무 갑작스러운 상황이라……. 어, 정리가 되지 않는데요. 왜 대통령이 이런 결정을 했고, 그렇다면 후속 조치는 어떻게 될까요? 다시 한번 말씀드립니다. 조금 전에 윤석열 대통령이 비상계엄을 발표했습니다. 후속 뉴스가 나오는 대로 다시 전해드리겠습니다.

 아빠, 저 말잘해 앵커도 말을 막 더듬는데요?

 아무리 말을 잘하는 말잘해 앵커도 아마 굉장히 당황스러운 상황일 거야.

 아빠, 비상계엄이 도대체 뭔데 그래요?

 어, 아빠도 좀 찾아보자, 그러니까 비상계엄이란 게 말이야, '전시나 사변 또는 이에 준하는 국가비상사태가 발생하여 사회 질서가 극도로 교란되어 행정 및 사법 기능의 수행이 곤란할 때 대통령이 선포하는 계엄'이라는 건데…….

 좀 알기 쉽게 설명해 주세요.

 알았다, 알았어. 잘 들어봐. 일단 '전시'는 전쟁을 말하는 거야. 전쟁은 알지?

 에이, 절 뭘로 보고?

 그래, 그리고 '사변'은 전쟁이 아니더라도 경찰이 막을 수 없는 폭력 사태로 난리가 난 상황이나, 또 사람의 힘으론 막을 수 없는 천재지변을 얘기하는데, 큰 태풍이 몰려와서 나라 전체가 난리가 난 상황도 사변이라고 할 수 있지.

 다음이 '이에 준하는…….', 이건 뭐 비슷한 상황이라는 거죠?

 그렇지! 그런 비상사태가 발생했는데 도저히 관리가 안 되는 거야. 아까 얘기한 것처럼 경찰이 막을 수도 없고, 또 잘못한 사람에게 벌을 줄 수도 없는 상황인 거지.

어, 그럼 안 되잖아요?

 그렇지, 그래서 어쩔 수 없이 대통령이 군대를 동원해서 그런 혼란을 관리하고, 질서를 유지하도록 하는 게 '계엄'이라는 거야.

 그런데 아빠! 궁금한 게 있는데, 지금이 그런 난리가 난 상황이에요? 나 오늘 학교에도 갔다 오고, 학원도 다녀오고, 친구랑 잠깐 놀기도 했는데 아빠도 오늘 회사 잘 갔다 왔잖아요?

 그렇지. 아빠도 참 이해할 수 없는 일이구나.

 그럼 아빠, 혹시 저 내일 학교 안 가도 되는 거예요?

 너 이 상황에 또 공부 안 할 핑계를 찾나 본데, 상황을 좀 지켜봐야겠다.

우리나라에서 있었던 주요 비상계엄 사건들

여러분, 안녕! 저는 민주대학 법학과 교수예요.

1. 6·25 전쟁 (1950년)

1950년 6월 25일, 북한이 남한을 침략하면서 전쟁이 시작됐어요. 정부는 급하게 비상계엄령을 선포하고, 군대가 국민과 도시를 통제했어요. 이때는 정말 전쟁 중이라, 계엄령이 불가피한 조치였어요.

2. 4·19 혁명 (1960년)

1960년 3월 대통령 선거에서 부정이 일어나자, 많은 국민이 화가 났어요. 학생들이 거리로 나와 시위를 했고, 정부는 이를 막기 위해 비상계엄령을 내렸어요. 결국 많은 희생이 있었고, 이승만 대통령이 물러나게 되었어요.

3. 5·16 군사정변 (1961년)

군인 박정희를 중심으로 한 군대가 정부를 무너뜨리고 쿠데타를 일으켰어요. 이들은 비상계엄을 내리고 정권을 장악했어요. 이때부터 군사 정권 시대가 시작되었어요.

4. 부마항쟁 (1979년)

1979년, 부산과 마산에서 많은 학생과 시민이 독재 정치에 반대하며 시위를 벌였어요. 정부는 이를 막기 위해 비상계엄령을 선포했고, 군대가 시민들을 강제로 해산시켰어요. 이 사건 이후, 불과 일주일 만에 박정희 대통령이 암살되면서 유신 정권은 끝났어요.

5. 광주 민주화운동 (1980년)

1980년에는 국민들이 자유롭게 대통령을 뽑고 싶어 하며 민주주의를 요구하는 시위를 했어요. 정부는 이를 막기 위해 전국에 비상계엄을 내리고, 특히 광주에서는 군대가 시위를 무력으로 진압했어요. 많은 시민이 다치고 목숨을 잃었어요. 이 일은 나중에 민주주의를 지키려는 중요한 운동으로 남았어요.

말잘해 앵커와 **궁금해 기자**의 질문에 답해 보세요.

대통령이 비상계엄을 선포할 수 없는 상황을 고르세요.

① 전쟁 ② 축제 ③ 사변 ④ 재난

대통령은 비상계엄 발표 당시 우리 사회가 전시나 사변, 또는 이에 준하는 국가비상사태라고 판단했어요. 2024년 12월 3일에 여러분에겐 무슨 일이 있었나요? 또 그날 여러분의 가족들에겐 어떤 일이 있었는지 말해보세요.

예, 저는
국회 정문 앞에 나와 있습니다.

말잘해 앵커

현재 국회의원들은 하나, 둘 국회로 모이고 있습니다.
국회 정문 앞에는 경찰이 출입을 가로막고 있는데요. 이미 국회에 도착한 국회의원도 있고요. 일부 의원들은 담을 넘어서 국회에 들어가고 있습니다. 어 그런데, 국회의원들이 담을 굉장히 잘 넘는군요. 흠흠, 죄송합니다. 다시 정리하겠습니다

 아빠, 어 저 사람들이 국회의원이에요? 담을 넘어가는데요?

 어 그렇구나, 조금 전에 대통령이 선포한 비상계엄 있잖아, 그걸 해제하기 위해서 국회의원들이 모이는 건가 봐.

 어, 해제를 한다고요?

 그렇지, 너도 아까 말해듯이 우리나라에 지금 전쟁이 났거나 사변은 아니잖아. 그래서 국회의원들이 대통령이

결정한 비상계엄을 무효로 만들기 위해서 국회로 가는 거야.

그런 방법이 있어요?

어, 우리나라 법 가운데 최고 높은 법, 그러니까 우리나라를 누가 어떻게 다스리고, 또 국민의 의무와 권리를 정해놓은 게 '헌법'이라는 건데.

아빠, 저도 헌법은 알아요.

그래, 헌법 77조에 보면 계엄이 선포되더라도, 국회의원 과반수가 해제를 결정하고 요구하면 대통령은 바로 계엄을 해제해야 한다고 돼 있거든. 너, 우리나라 국회의원이 몇 명인 줄 아니?

아빠, 제 수준을 뭘로 보는 거예요? 300명이죠.

아, 미안, 미안. 그렇지. 그러니까 '과반'은 반이 넘는다는 거잖아.

아빠, 그러니까 151명이 찬성하면 되는 거죠?

너 요즘 수학 공부 열심히 하는구나. 그렇지.

 그런데 아빠, TV 좀 보세요.

말잘해 앵커

국회에 국회의원만 모이고 있는 게 아닙니다. ('두두뚜뚜뚜') 이게 헬리콥터 소리인데요. 군인들, 그러니까 계엄군이 헬리콥터를 타고 국회에 진입하고 있습니다. 지금 국회 앞에 궁금해 기자가 나가 있습니다. 궁금해 기자, 굉장히 위험한 상황이 벌어지고 있는 것 같은데요?

예, 저는 지금 국회 정문 앞에 나와 있습니다. 이곳에선 일부 국회의원들과 보좌진들이 출입을 시도하고 있고요. 경찰이 가로막고 있습니다. 시민들도 많이 모였습니다. TV 뉴스를 보고 깜짝 놀라 국회로 뛰어나온 시민들은 믿기지 않는 상황에 당황해 하면서도 '계

궁금해 기자

엄 해제'를 촉구하고 있습니다. 국회 본관 앞 상황도 전해드리겠습니다. 담을 넘어 국회로 들어간 국회의원들이 본관 정문을 지나서 본회의장에 속속 도착하고 있다는 소식이 들어와 있고요. 헬기를 타고 내려온 계엄군들도 본관 진입을 시도하고 있다는 소식도 전해졌습니다. 상황이 굉장히 급박하게 돌아가고 있습니다.

말잘해 앵커

아, 지금 이 장면을 역사는 어떻게 평가할지, 저희는 똑똑히 지켜보고, 치우침 없이 오늘을 전하겠습니다. 그것이 언론의 소명이라고 믿습니다. 모쪼록 이 사태가 평화적으로 해결될 수 있기를, 지울 수 없는 불행의 역사가 되지 않기를 바랍니다.

아빠, 큰일이에요. 군인들이 총을 들고 국회 안으로 들어가요.

 아, 이를 어쩌지?

 아빠, 그런데 저 누나(안귀령)는 누구예요? 군인이 들고 있는 총을 맨손으로 잡고 있어요.

 위험한 상황이구나. 저러다가 다치기라도 하면 어쩌지? 계엄군이 국회 본관에 들어가는 걸 저렇게 필사적으로 막고 있구나. 지금 국회에서 일하는 사람들이랑 국회의원 보좌진들이 무장한 군인들에 맞서고 있는 거야. 저기 저 시민들도 장갑차 앞을 가로막고 있잖아. 저분들 모두 어쩌면 목숨을 걸고 싸우고 있다고 봐야지.

 아빠, 지금 저희가 보고 있는 게 영화는 아닌 거죠? 어떻게 이런 일이 일어날 수 있어요?

그러게 말이다. 아무리 계엄령을 선포했어도, 국회의원의 활동은 법으로 보장돼 있거든.

 그럼 저 사람들은 법을 어기고 있는 거잖아요?

 저 군인들도 그렇지만, 군인들에게 저런 명령을 내린 사람들이 더 큰 잘못을 저지르고 있는 거지.

 아빠, 저는 저 군인 형들도 불쌍해요.

아들아, 너 너무 갑자기 휴머니스트가 된 거니? 그럴 수도 있겠다. 군인이기 때문에 상관의 명령에 따라야 하고, 또 대한민국 국민으로서 헌법과 법률도 지켜야 하니, 곤란한 상황일 수 있겠구나.

국회의장

비상계엄 해제 요구 결의안을 의결하겠습니다. 투표해주시기 바랍니다.

 아빠, 국회의원들이 투표하나 봐요?

 지켜보자. 아까 몇 명이라고 했더라?

 아빠가 아까 알려주고, 아빠가 까먹은 거예요? 국회의원 300명 중에 과반이니까 151명이 찬성하면 되는 거죠.

 아, 아빠가 지금 너무 긴장했나 봐.

 아빠, 자 크게 숨 한번 쉬어요. 이렇게 휴~

 재적 190인 중 찬성 190인으로서 비상계엄 해제 요구 결의안은 가결되었음을 선포합니다.

국회의장

- 아빠, 가결이에요, 가결. 그런데 또 가결은 뭐지? 좋은 것 같긴 한데.
- 아, 그래. 중요한 순간에 또 어려운 말이 나왔구나. 자, 크게 숨 한번 쉬어 보자, 이렇게 휴~.
- 아빠, 저 급해요. 자 휴~ 휴~ 휴~ 됐죠?
- 가결은 '옳을 가(可)'에 '결정할 결(決)'이야. 제출한 안이 합당하다고 결정한 거니까 계엄 해제 요구안이 받아들여졌다는 말이지.
- 그럼 이제 계엄이 바로 해제되는 거예요? 저 졸린데, 자러 가도 되는 거죠?
- 그러고 보니 지금이 몇 시냐? 벌써 새벽 1시구나. 얼른

네 방에 가서 자거라.

아니 그런데요. 그 가결이란 게 됐으니까 해제되는 게 맞죠?

음, 계엄법에는 대통령은 국회가 계엄 해제를 요구하면 국무회의라는 걸 거쳐서 계엄을 해제하고, 그 사실을 알리게 돼 있거든. 그러니까 네 말대로 해제해야 하는데…….

그런데요? 또 뭐가 남았어요?

아니, 아빠는 대통령이 계엄 해제를 발표하는 것까지 봐야 잠들 거 같은데, 너는 이 나라에 자라나는 새싹이니 얼른 자야지, 내일 학교도 가야 하고, 아빠가 네가 지금 자는 걸 '가결' 할게.

알았어요. 대신 내일 일어나자마자 알려줘요.

조금 전 국회의 계엄 해제 요구가 있어 계엄 사무에 투입된 군을 철수시켰습니다. 바로 국무회의를 통해 국회의 요구를 수용하여 계엄을 해제할 것입니다.

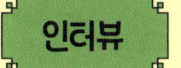 인터뷰

여러분, 안녕! 더불어민주당 대변인 안귀령 전 아나운서예요.

저는 계엄 선포가 있던 그 시각, 유튜브 라이브로 계엄 소식을 보게 되었어요. 너무 놀라, 현실일까 의심하다가 일단 국회로 가야겠다고 생각하고 함께 있던 분들과 자리를 박차고 일어났어요. 국회가 위험해진다고 생각했거든요. 힘들게 국회 안으로 들어갔을 때 군인 군화발 소리와 헬기 소리가 들렸고, 국회 본청 앞에 도착했을 때 이미 많은 시민들이 있었어요. 국회 당직자와 보좌관들은 무장한 군인들을 몸으로 막아내고 있었죠. 시민들도 밖에서 맨몸으로 막아서고 있었어요. 그런데 시민들을 밖에 두고 안에 들어갈 수가 없었어요. 그래서 시민들과 함께 막아야겠다고 생각했어요. 그런데 시민들과 저항하다가 군인에게 제 팔이 잡힌 거예요. 그래서 앞에 있던 군인 몸을 밀었어요. 그러면서 군인이 들고 있던 총기를 잡고 밀었죠. 군인들이 자꾸 안으로 들어오려고 했거든요. 군인들이 안에 들어와서 국회의원들의 표결을 반대하면 다음은 없는 거잖아요. 막아야 한다는 생각밖에 없었어요. 위험한 행동이라는 비판도 있었는데, 그때 그 총은 나라와 국민을 지키기 위해서 가지고 들어왔던 게 아니잖아요. …….

헌법 제77조

여러분, 안녕! 저는 헌법학자 박사봉이에요.

헌법 제77조는 우리나라에 전쟁이나 아주 심각한 위기가 발생했을 때, 대통령이 '계엄'이라는 특별한 상태를 선포할 수 있다는 내용을 담고 있습니다. 학교에 큰 화재나 지진이 발생했을 때, 선생님들이 학생들의 안전을 위해 특별한 조치를 취하는 것처럼 말이죠.

계엄은 전쟁, 심각한 자연재해, 사회 혼란 등 국가 비상사태가 발생했을 때, 대통령이 법에 따라 선포하는 특별한 상태예요. 계엄이 선포되면 군대가 질서 유지, 치안 유지 등 국가 비상사태에 필요한 역할을 담당하게 됩니다.

헌법 제77조 2항에 따르면 계엄에는 두 종류가 있어요. 비상계엄과 경비계엄입니다. 비상계엄은, 전쟁이나 아주 심각한 국가 위기 상황에서 선포되며, 군대가 더 많은 권한을 가지고 질서 유지, 치안 유지 등 국가 비상사태에 필요한 역할을 담당합니다. 경비계엄은, 사회 혼란 등 비교적 가벼운 국가 위기 상황에서 선포되며, 군대가 경찰과 함께 질서 유지, 치안 유지 등 국가 비상사태에 필요한 역할을 담당해요. 전쟁이나 심각한 자연재해 등 국가 비상사태는 국민의 안전을 위협할 수 있어서 계엄은 이런 상황에서 국민의 안전을 확보하기 위한 중요한 수단입니다. 그러나 국가 비상사태에 대비하기 위한 조항이지만, 국민의 자유와 권리를 제한할 수 있기 때문에 신중하게 사용되어야 합니다.

비상계엄은 정말 급하고 위험한 상황에서 질서를 지키기 위해 필요한 조치일 수도 있어요. 하지만 한국의 역사에서는 계엄령이 국민을 억누르거나 권력을 유지하는 데 남용된 경우도 많았어요. 그래서 오늘날은 법과 국회가 계엄령을 감시하고 통제하는 장치가 생겼답니다.

비상계엄은 전쟁이나 큰 위기 상황에서 군대가 직접 나서서 질서를 유지하는 제도예요. 한국에서는 6·25 전쟁, 4·19 혁명, 5·16 군사정변, 부마항쟁, 광주 민주화운동 등에서 계엄령이 내려졌어요. 어떤 계엄은 필요했지만, 어떤 계엄은 국민의 자유를 막기 위해 쓰여 안타까운 결과를 낳았어요. 우리는 이런 역사를 통해, 민주주의와 국민의 권리를 더 소중히 여기는 사회로 나아가고 있어요.

말잘해 앵커와 **궁금해 기자**의 질문에 답해 보세요.

대통령의 비상계엄을 해제할 수 있는 권한을 갖고 있는 기관을 고르세요.

① 대통령실 ② 계엄군 ③ 국회 ④ 대법원

비상계엄 소식을 듣자마자 일부 시민들은 국회 앞으로 달려가 계엄군의 국회 진입을 맨몸으로 막아냈어요. 이 장면에서 어떤 생각이 들었는지 적어보세요.

아빠, 아빠? 그 계…얌? 게…염?

 계엄.

 그러니까요, 계엄, 그거 어제 확실하게 해제된 거죠?

 그래, 다행히 대통령이 국회의 결정을 받아들여 해제를 시켰고, 국회랑 중앙선거관리위원회에 총 들고 몰려갔던 군인들도 모두 부대로 돌아갔다.

 다행이에요. 오늘 학교에서도 친구들이 게임 얘기 안 하고, 계엄 얘기만 했어요. 그런데 군인들이 중앙선거, 거기도 간 거예요?

 어, 중앙선거관리위원회? 거기도 갔다고 하네.

 거기에도 국회의원들이 있었나 봐요?

 아니 그건 아니고. 너네도 학교에서 반장 뽑고, 전교 회장도 뽑고 하잖아. 그때 학생들이 투표하고, 개표하고 하는 걸 도와주는 친구들이 있잖아?

 아, 저도 그 정도는 알아요. 제가 작년에 선거관리위원이었다고요.

 그렇지, 나라에서 그 역할을 하는 곳이 바로 중앙선거

관리위원회인데, 대통령은 지난 번 국회의원 선거 때 뭔가 문제가 있었다고 생각했다는 거야. 그래서 그곳에도 군인들이랑 경찰을 보내서 무슨 증거를 찾으려고 했다는 거야.

아니, 우리 반에서 반장 선거할 때도 몇 번씩 표를 확인하는데, 나라에서 선거하는데 그런 게 가능해요?

불가능하지. 우리나라의 현재 개표제도는 먼저 투표용지를 투표지 분류기라는 기계로 세고, 또 직접 사람들이 한 장 한 장 확인해서 세도록 돼있어. 다음에 그걸 비교해서 만약에 숫자가 틀리면 처음부터 다시 세는 거지. 그리고 투표용지를 세는 과정을 각 정당에서 나와서 지켜보거든.

중앙선거관리위원회

 아, 그러면 혹시……?

 너 무슨 탐정 같다?

 아니, 확실하게 짚고 넘어가야죠.

 그래, 뭐가 궁금한데?

 아빠는 항상 선거 날에 저랑 놀아준다고 미리 투표를 하잖아요.

 그렇지, 그걸 사전투표라고 하지.

 그럼 그 투표한 걸 어디 모아놓을 거 아니에요. 그러니까 개표를 하기 전에 뭔가 거기서?

 너, 참 이럴 땐 머리가 아주 잘 돌아가는구나. 아무튼 좋은 질문이야. 그래서 사전 투표함은 경찰이 3명씩 조를 짜서 하루 24시간 지키고 있어. 또 각 정당에서도 사람을 보내서 함께 감시를 하지. 그뿐만이 아니야, 너 CCTV 알지?

 네, 집 앞에 골목에도 다 있잖아요.

 그렇지. CCTV로 선거함을 녹화하고 있는데, 누구나 그걸 실시간으로 볼 수 있어. 전 국민이 감시하고 있는 거지.

 오, 대단한데요. 그런데 왜 대통령은 이걸 의심하는 거예요?

 대통령뿐 아니라 몇몇 정치인들도 그런 주장을 계속하고 있고, 대통령의 비상계엄에 찬성하는 사람들 가운데 부정선거론을 믿는 사람들이 있더구나. 그 사람들은 투표지 분류기를 해킹하거나 조작할 수 있다고 주장하는데, 그 분류기엔 인터넷 연결 자체가 안 돼. 아빠는 부정선거를 믿는 사람들도 이해할 수 없지만, 정치적인 목적을 가지고 이런 가짜 뉴스를 퍼뜨리는 정치인들이 더 문제라고 생각해.

중앙선거관리위원회

여러분, 안녕! 저는 대한국민중학교 사회교사인 다알아예요.

중앙선거관리위원회는 국민들이 자유롭게 자신의 대표를 뽑을 수 있도록 선거를 공정하게 관리하는 기관입니다. 마치 학교에서 반장 선거를 공정하게 관리하는 선생님들처럼, 중앙선거관리위원회는 우리나라의 대통령, 국회의원, 지방자치단체장 등을 뽑는 선거를 공정하게 관리해요.

중앙선거관리위원회는 선거 날짜를 정하고, 투표소를 설치하고, 투표 용지를 관리하는 등 선거의 모든 과정을 책임져요. 후보자들이 공정한 규칙을 지키면서 선거운동을 하는지 감시하고, 부정행위를 막는 일도 하죠. 그리고 국민들이 올바르게 투표할 수 있도록 투표 방법을 알려주고, 민주주의와 선거의 중요성을 교육합니다. 뿐만 아니라 정당과 정치인들이 정치자금을 투명하게 사용하는지 관리하고, 정치자금과 관련된 법을 지키도록 감시합니다. 중앙선거관리위원회는 선거뿐만 아니라 국민투표도 관리하는데, 국민투표는 국민들이 중요한 국가 정책에 대해 직접 찬반 의견을 표현하는 제도입니다.

 **말잘해 앵커**와 **궁금해 기자**의 질문에 답해 보세요.

 우리나라 중앙선거관리위원회의 개표 방식이 아닌 것을 고르세요.

① 손으로 직접 개표 ② 투표지 분류기로 개표
③ 손과 기계의 결과가 맞지 않으면 다시 확인
④ 인터넷을 이용해 계산

 부정선거론은 이 사회의 신뢰를 갉아먹는 잘못된 생각이에요. 여러분 주변에 이런 주장을 하는 사람들이 있다면 뭐라고 얘기해줄 건가요?

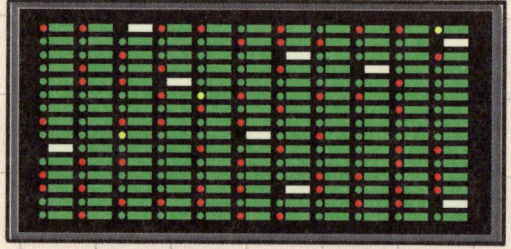

말잘해 앵커

> 윤석열 대통령에 대한 탄핵소추안이 조금 전 국회 본회의를 통과하지 못했습니다. 탄핵안은 재적의원 300명 가운데 3분의 2 이상의 찬성이 있어야 가결되는데, 정족수가 5명 부족해 개표 진행 없이 폐기됐습니다.

 아빠, 저 말잘해 앵커가 또 뭔가 중요한 뉴스를 전하고 있는 것 같은데요?

 넌 이제 앵커 얼굴만 봐도 분위기를 아는구나?

 그럼요, 제가 한 눈치 하잖아요? 아빠를 안 닮아서.

 지금 이런 상황에서 농담하는 걸 보니, 넌 분명 내 아들이 확.실.해!

 아빠, 눈치 좀 챙기시고요. 탄핵소추안이 또 뭐예요?

 어, 탄핵이란 대통령이나 장관 같은 고위 공직자가 헌법이나 법률을 위반했을 때 그 일을 더는 못하게 하는 건데, 소추는 그런 탄핵을 요구한다는 뜻이야.

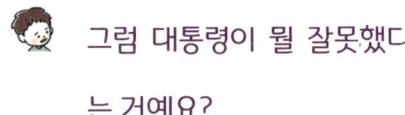 그럼 대통령이 뭘 잘못했다는 거예요?

 대통령이 비상계엄을 선포한 게 법을 어겼다는 거야. 일단 비상계엄을 발령할 상황이 아니었고, 우리가 TV로 본 것처럼 군인들이 유리창을 깨고 국회에 들어갔잖아. 또 주요 정치인들을 잡아가서 국회가 일을 하지 못하게 하려고 했다는 거지. 한마디로 대통령이 나라의 헌법을 어기고 내란, 어 그러니까 난리를 일으켰다는 거야.

그런데 이것도 국회가 결정하네요?

그렇지, 탄핵소추안은 두 단계를 거치게 돼 있는데, 먼저 국회의원들의 동의를 얻어야 해.

지난번 비상계엄 해제는 과반이었는데, 이번 건 3분의 2가 찬성해야 돼요?

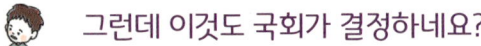 동의를 많이 받아야 한다는 건 그만큼 더 신중하게 결정해야 하는 내용이라는 거지. 이 탄핵소추안이 통과되려면 국회에서 3분의 2가 찬성해야 하는데, 그러려면 일단

투표한 사람이 3분의 2는 넘어야 하잖아. 그런데 투표에 참가한 의원이 3분에 2에 5명이 모자랐다는 거구나.

 아, 그러니까 300명의 3분의 2는 200명이고, 200에서 5를 빼니까 195명만 투표했다는 거잖아요?

 이렇게 수학을 잘하는데, 성적은 왜 그런 건지, 참.

 그런데 이렇게 중요한 걸 결정하는데 왜 국회의원들은 투표도 안 한 거예요?

 국회의원들은 대부분 정당이라는 데 가입돼 있거든. 정당이란 게 정치적인 생각이나 입장이 비슷한 사람들끼리 모여서 만든 집단인데, 우리나라에는 전통적으로 진보와 보수를 대표하는 2개의 정당이 있어. 지금은 더불어

민주당과 국민의힘이지.

 그 정도는 저도 들어봤죠.

 그렇지. 그런데 이번 탄핵소추안을 결정하는 회의에서는 국민의힘이 반대하기로 하고, 단체로 회의장을 나가 버린 거야. 국민의힘 국회의원이 108명인데, 3명만 남고 105명이 투표를 안 했으니까 투표 결과를 확인할 필요도 없는 거잖아. 그래서 그냥 무효 처리가 된 거야.

 좀 비겁해요. 반대하고 싶다면 '난 이러이러해서 반대다', 이렇게 자기 생각을 말해야 하는 거 아니에요? 저도 아빠가 치킨 먹자고 할 때 짜장면 먹고 싶으면 당당하게, '치킨은 반대예요!' 이렇게 얘기하잖아요.

 듣고 보니 네 말이 맞네.

국회의장

투표 결과를 말씀드리겠습니다. 대통령 윤석열 탄핵소추안은 총 투표수 300표 중 가 204표, 부 85표, 기권 3표, 무표 8표로서 가결되었음을 선포합니다. (탕! 탕! 탕!)

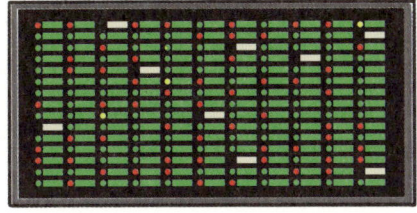

 아빠, 대통령 탄핵소추안이 통과됐어요.

 아빠도 같이 보고 있잖아.

 그런데 제가 지난번에 얘기한 대로 이번엔 국회의원들이 모두 투표했어요.

 네가 얘기한 걸 국회의원들이 들었나 보다.

 에이 그럴 리가요. 어 혹시 설마? 정말인가? 그럼 대통령은 곧바로 자리에서 내려오는 거예요?

 그건 아니고, 일단 대통령의 임무는 정지돼. 아직 대통령이긴 하지만 대통령으로서 일은 할 수 없는 거지.

 그럼 언제까지요?

 탄핵소추안은 두 단계를 거쳐야 한다고 했잖아. 이제 1

차로 국회를 통과한 거고, 2차로 헌법재판소, 줄여서 헌재라고 하는데, 여기서 최종 결정을 하는 거야. 국민이 투표로 뽑은 대통령을 자리에서 내려오게 하는 결정이기 때문에 더 신중하게 해야 한다는 취지지.

그러면 헌재에서는 이번 탄핵 심판을 어떻게 결정해요?

헌법재판소는 재판관 9명이 있어. 이분들이 180일 이내에 판단해서 6명 이상이 찬성하면 대통령은 물러나야 해. 이걸 파면이라고 해. 만약에 6명 이상 찬성하지 않는다는 결론이 나오면, 대통령은 다시 복귀하는 거고.

헌재의 탄핵 심판이 결국 대통령의 운명을 결정짓는 거네요.

> 제22대 국회의원

제22대 국회의원 구성

전체 300명

더불어민주당: 170명 - 56.67%

국민의힘: 108명 - 36.00%

조국혁신당 : 12명 - 4.00%

개혁신당: 3명 - 1.00%

진보당: 3명 - 1.00%

기본소득당: 1명 - 0.33%

사회민주당: 1명 - 0.33%

무소속: 2명 - 0.66%

여러분, 안녕! 저는 민주대학 법학과 교수예요.

 **말잘해 앵커**와 **궁금해 기자**의 질문에 답해 보세요.

 국회에서 대통령의 탄핵소추안이 가결되는 조건은 무엇일까요?

① 재적의원 2/3 찬성 ② 재적의원 과반수 찬성
③ 출석의원 2/3 찬성 ④ 출석의원 전원 찬성

 대통령 탄핵소추안이라는 시급하고 중대한 결정을 할 때 처음엔 많은 국회의원들이 투표에도 참여하지 않았어요. 이런 행동을 보고 여러분은 어떤 생각이 들었나요?

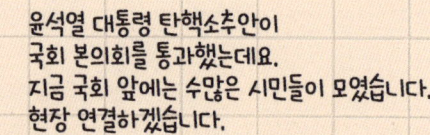

윤석열 대통령 탄핵소추안이 국회 본회의를 통과했는데요. 지금 국회 앞에는 수많이 시민들이 모였습니다. 현장 연결하겠습니다.

말잘해 앵커

아빠! 여의도 앞에서 콘서트가 열렸나 봐요?

 아, 그렇네. 로제 노래도 나오고, 소녀시대 노래도 들리네? 응원봉들도 갖고 나왔구나.

 아빠, fire 알죠?

 어, 그거 아빠의 18번인데, BTS 노래잖아?

 오, 대단한데요. fire도 나왔고, 제가 요즘 제일 좋아하는 에스파의 <수퍼노바>도 사람들이 따라 불렀어요.

 아빠도 에스파 좋아하지. 으흠

 정말요? 그럼, 에스파 멤버 이름 대보세요?

 하하, 윈터? 카리나? 어, 또 그리고 안유진? 어 아닌가?

 안유진은 아이브죠. 에스파는 지젤, 닝닝이요.

 그래, 암튼 에스파 노래 요즘 좋더라.

 그런데 가수들은 안 보이는 게, 콘서트는 아닌가 봐요?

 어, 그냥 우리 같은 시민들이 나와서 함께 노래 부르고 구호도 외치고 하는 거야. 집회라고 하지.

 바람도 많이 불고, 엄청 추울 텐데, 왜 사람들이 저렇게 많이 모인 거예요?

응, 조금 전에 대통령 탄핵소추안에 대한 국회의 표결이 있었잖아. 시민들이 탄핵안이 통과되기를 바라는 마음에서 저렇게 한뜻으로 모인 거야.

 지난번 계엄령이 발표됐을 때도 사람들이 국회 앞에 많이 모였는데, 저분들도 참 대단한 것 같아요!

 맞아, 우리나라 국민은 이렇게 정치적으로 중요한 위기 때마다 거리로 뛰어나와서 역사를 바꿔놓곤 했어. 몇 가지 예를 들어 볼게. 1960년엔 4.19혁명이 있었어.

 저, 역사 시간에 배웠어요.

 그럼 네가 한번 얘기해 볼래?

 아, 그게 배우긴 했는데, 어 그러니까 이승만 대통령 때에 일어난 일이고…….

 이승만 정부가 한 번 더 정권을 잡기 위해서 대통령 선거 때 조직적으로 부정선거를 저질렀다는 게 드러났고, 전국에서 학생들과 시민들이 시위를 벌였어. 물론 많은 분들의 희생이 뒤따랐지만 이 사건으로 이승만 정부는 물러났어.

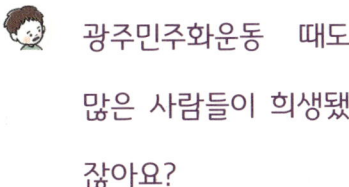 광주민주화운동 때도 많은 사람들이 희생됐잖아요?

 맞아, 아빠도 어렸을 때인데, 1980년이야. 쿠테타를 일으켜서 권력을 잡은 전두환 신군부에 맞서서 광주 시민들이 목숨을 걸고 저항한 싸움이었어. 5.18 광주민주화운동은 영화로도 많이 만들어졌잖아. 그만큼 우리가 잊지 말아야 할 숭고한 역사인 거지. 너 한강 작가가 노벨문학상 받은 것 알고 있지?

 네 엊그제 뉴스에서 봤어요.

 한강 작가가 상을 받고 강연에서 이런 얘기를 했거든.

"과거가 현재를 도울 수 있는가?" "죽은 자가 산 자를 구할 수 있는가?"

오, 심오한데요?

 한강 작가의 작품 가운데 저기 아빠 서재에도 꽂혀 있는 『소년이 온다』라는 소설이 있어. 5.18의 아픈 역사를 다룬 책이야, 어쩌면 한강 작가의 말처럼 1980년의 과거가, 그때 죽은 사람들이 현재 우리를 돕고, 우리를 구한 게 아닐까?

 제가 다음에 『소년이 온다』를 읽어보면 이해가 더 잘 될 거 같아요.

 그래, 그리고 또 있었어. 1987년엔 6월 민주항쟁이 전국적으로 일어났는데, 결국 지금처럼 대통령을 국민이 직접 뽑는 직선제를 도입하는 결정적인 계기가 됐어.

 저 어렸을 때, 광화문 촛불집회에 갔던 일도 기억나요.

 맞아, 그때도 지금처럼 엄청 추운 겨울이었지? 박근혜 대통령의 탄핵을 요구하기 위해서 전국에서 수백만 명의 시민들이 촛불을 들고 거리로 나왔잖아.

 전 그때 사실 너무 추워서 엄마, 아빠 따라가기 싫었거든요. 뭐 하러 가는지도 잘 몰랐고요.

 결국 너도 '촛불 혁명'에 동참한 거네. '촛불 혁명'도 한 사람의 국민은 때론 약할 수 있지만, 여럿이 모이면 결국 거부할 수 없는 큰 힘을 낼 수 있다는 걸 보여준 역사적인 사건이었어. 특히 그때 시위는 큰 사고 없이 평화적인 방식으로 진행돼서 해외에서도 우리 국민의 민주주의 의식을 굉장히 높이 평가했지. 이번 탄핵 집회 때 네가 본 축제 같은 모습은 지난 2016년 10월부터 6개월 동안 지속된 '촛불 혁명'에서 비롯됐을 거야.

6월 민주항쟁

1987년 6월, 우리나라에서는 많은 사람들이 거리로 나와 '독재'에 맞서 싸우고 '민주주의'를 외쳤어요. 마치 친구들이 학교에서 부당한 규칙에 맞서 목소리를 높이는 것처럼, 국민들이 더 이상 참지 않고 용감하게 자신들의 권리를 되찾기 위해 일어선 사건이었죠.

당시 우리나라는 대통령이 오랫동안 권력을 독점하고 국민들의 자유를 억압하는 상황이었어요. 사람들은 대통령을 직접 뽑고 싶었고, 자유롭게 자신의 생각을 말하고 싶어 했어요. 그러던 중 박종철이라는 대학생이 경찰 조사 중에 안타깝게 목숨을 잃는 일이 벌어졌고, 이 사건을 계기로 국민들의 분노가 폭발했어요.

여러분, 안녕! 저는 민주대학 법학과 교수예요.

학생들, 직장인들, 할아버지, 할머니까지 정말 많은 사람들이 거리로 나와 함께 '독재 타도', '민주주의 만세'를 외쳤습니다. 그런데 시위 도중 이한열이라는 대학생이 경찰이 쏜 최루탄에 맞아 안타깝게 목숨을 잃었고, 이 사건은 국민들의 분노를 더욱 크게 만들었어요.
결국 국민들의 뜨거운 열망에 정부는 대통령을 국민들이 직접 뽑을 수 있도록 허락했어요. 국민들은 자유롭게 자신의 생각을 표현할 수 있게 되었어요.
6월 항쟁이 중요한 건, 우리나라 민주주의 역사의 중요한 전환점이었기 때문이에요. 국민들이 힘을 합쳐 독재를 무너뜨리고 민주주의를 쟁취한 자랑스러운 역사죠. 마치 다윗이 골리앗을 이긴 것처럼, 국민들이 용감하게 맞서 싸워 승리한 역사적인 사건입니다.

 **말잘해 앵커**와 **궁금해 기자**의 질문에 답해 보세요.

 다음 중 시민들이 자발적으로 참여해 우리나라의 민주주의 역사를 바꿔놓은 사건이 아닌 것을 고르세요.

① 5.18 광주민주화운동 ② 87년 6월 항쟁
③ 60년 4.19 혁명 ④ 2002 한일월드컵 4강

 5.18 광주민주화운동을 다룬 영화 <서울의 봄>,<택시운전사>, 87년 6월 항쟁을 다룬 영화 <1987> 등을 보고 어떤 생각이 들었어요? 영화를 보지 않았다면 본 다음에 감상문을 써보세요.

말잘해 앵커

이번 탄핵 집회를 보고 해외의 주요 언론들도 깜짝 놀랐다는 반응입니다. 정치 시위가 아니라 K팝 콘서트장 같았다는 겁니다. 궁금해 기자가 보도합니다.

궁금해 기자

네, 먼저 미국의 ≪워싱턴포스트≫는 "집회에서 아이를 동반한 부모와 연인, 노인 등 다양한 연령대의 사람들이 태극기를 흔들고 노래를 불렀고, 정치 시위라기보다 K팝 콘서트처럼 느껴졌다"고 보도했습니다. 이어서 "10대 후반과 20대 젊은 한국인들이 K팝 콘서트의 야광봉을 들고 나와 조국의 민주주의를 지키기 위해 일어섰다"고 전했습니다.
영국의 BBC도 "탄핵 가결 이후 머리 위로 불꽃이 터지고 시민들은 노래를 따라 부르며 기쁨을 만끽했다"고 현장 상황을 보도했습니다.
미국의 AP통신은 "탄핵을 요구하는

시위에 K팝 응원봉과 크리스마스 조명, 산타클로스 복장까지 등장했고, 이런 독특한 시위 문화가 주목받고 있다"고 전했습니다.

 TV에서도 외국 언론들의 반응을 얘기하네요. 그런데 저 말잘해 앵커랑 궁금해 기자도 참 힘들겠어요. 잘 쉬지도 못하고 방송하고 있는 것 같아요?

 맞아, 하지만 이렇게 사회가 혼란스러울수록 언론의 역할이 중요해. 아빠랑 너도 이렇게 TV를 통해서 매일 뉴스를 보고 있잖아. 너 언론이 사회적 공기(公器)라는 말 들어봤니?

 네, 제가 지금 이렇게 마시고 있는 공기(空氣)라는 거죠?

 어, 그런 뜻으로 해석해도 되지만, 여기서 공기란 공적인 그릇을 말하는 거야. 한 개인이나 특정 집단을 위해서가

아니라 국민 다수를 위해서 존재하는 물건이라는 거지. 또, 언론을 제4부라고도 하거든?

 4부면, 1, 2 ,3부도 있겠네요?

 그렇지, 국가의 권력 기관인 입법부, 행정부, 사법부 다음에 언론이 네 번째 기관이라는 건데, 언론이 그만큼 우리 사회에 큰 영향을 끼친다는 얘기야.

 저도 잠시 생각해 보니까 언론이 사실을 제대로 전해주지 않거나 또 어떤 사건을 자기 마음대로 해석해서 보도하면, 사람들이 그걸 그대로 믿을 수 있고, 그러면 사회가 더 혼란스러워

질 것 같아요.
- 아들아, 네가 아빠랑 대화를 많이 하니까 수준이 많이 높아진 것 같다.
- 아빠도 저랑 얘기를 많이 하니까 좀 똑똑해 보이는 것 같아요.
- 그렇지, 너가 질문을 너무 많이 하는 바람에 아빠도 요즘에 공부를 열심히 하고 있지.
- 아, 그래서 말인데요. 그러면 좋은 언론은 뭘까요?
- 음... 아빠 생각엔 말이야, 가장 중요한 건 사실을 정확하게 보도하는 언론 아닐까? 그리고 또 중요한 건 언론은 공정해야 해. 공평하고 올바르다는 뜻이야.
- 그러니까, 둘이 싸우고 있는데 일방적으로 한쪽 편만 들어주면 안 된다는 얘기죠?
- 그렇지. 만약에 너랑 누나랑 서로 자기 생각이 맞다고 다투고 있는데, 아빠가 누나 말만 듣고 엄마한테 누나 말이 맞다고 전하면 안 되는 거잖아.
- 그렇죠. 그럼 제가 엄청 서운하죠.

그런데 말이야, 정말 만약에 말이야, 그럴 일은 절대 없겠지만, 네가 횡단보도에서 신호등을 지키지 않았어.

 아빠, 언제 제가 그런 적 봤어요?

 아니, 못 봤지. 그러니까 만약에, 어디까지 했더라.

 아이, 제가 신호등을 안 지켰다면서요.

 그래, 그래서 그 상황을 보고 누나가 너에게 그러면 안 된다고 했는데, 네가 누나에게 대드는 거야. 신경 쓰지 말라고. 그때 아빠가 나타나서 너희들 말을 듣고, 주변 사람들의 얘기도 듣고, 그걸 동네 사람들에게 전한다고 생각해 보자.

 아빠가 언론이고, 동네 사람들이 국민인 거네요?

그렇지. 그런데 아빠가 누나랑 네가 똑같이 잘못했다고 하거나, 네가 주장하는 말과 누나가 주장하는 말을 똑같은 분량으로 전달하는 게 과연 공정한 걸까?

 뭐 잘못한 게 하필 저지만, 그건 아닌 것 같네요.

 어떤 사안에 대해서 충분한 근거를 갖고 팽팽하게 의견이 엇갈릴 땐 양쪽의 입장을 최대한 같은 분량으로 전달하는 게 공정성이지만, 누가 봐도 법을 어긴 건 너고, 그것을 지적한 건 누나인데, 그럴 때 올바른 언론이라면 법을 어긴 너의 잘못을 지적하고, 누나의 의견을 더 비중 있게 전달하는 게 맞지 않을까?

 네, 아무튼 전 무단횡단 같은 건 안 합니다!

 그건, 아빠가 너무 잘 알지. 그리고, 더 나아가서 더 바람직한 언론이라면 네가 왜 신호를 어기게 됐는지를 알아봐야 하는 거야. 혹시 신호등이 고장나서 초록 불이 짧게 들어오는 건 아닌지, 그래서 다른 아이들도 신호등을 안 지킨 게 아니라, 못 지키고 있는 건 아닌지, 신호등이 고장난 걸 누군가 신고했는데도, 신고를 받은 기관에서 귀

찮아서 방치해 두고 있는 건 아닌지…….

아, 아빠! 그만요.

그래, 그런 문제점까지 들춰내서 바로잡게 하는 것도 언론의 역할이란다.

이번 계엄령 선포와 탄핵안 가결 같은 뉴스에서도 언론이 역할을 잘해야겠네요?

그렇지. 그래서 너 같은 학생들도 언론의 중요성을 알고, 어떤 언론이 정말 제대로 일을 하는지 감시하는 능력을 키워야 하는 거야. 제대로 역할을 하지 못한 언론은 결국 국민의 선택을 받지 못하고, 사라질 테니까.

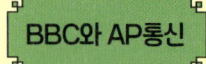

여러분, 안녕! 더불어민주당 대변인 안귀령 전 아나운서예요.

BBC는 'British Broadcasting Corporation'의 줄임말로, '영국 방송 공사'라는 뜻입니다. 영국에서 가장 큰 방송국이며, TV, 라디오, 인터넷 등 다양한 매체를 통해 전 세계 사람들에게 뉴스와 다양한 프로그램을 전달하고 있어요.

BBC 뉴스는 전 세계에서 일어나는 다양한 소식을 빠르고 정확하게 전달하는데 특히, BBC 월드 뉴스는 전 세계 사람들이 믿고 보는 뉴스 채널로 유명합니다. 또 자연, 역사, 과학 등 다양한 분야의 다큐멘터리를 아주 잘 만들기로 유명합니다. 'BBC 다큐멘터리'라고 하면 믿고 볼 수 있을 정도로 훌륭한 작품들이 많아요. <닥터 후>, <셜록> 같은 인기 드라마와 재미있는 예능 프로그램도 많이 만들었습니다. 여러분들도 다 아는 어린이 프로그램이죠, <텔레토비>, <페파피그>처럼 전 세계 어린이들에게 사랑받는 프로그램도 BBC에서 만들었어요.

BBC가 특별한 이유는, 영국 국민들이 내는 수신료로 운영되는 공영 방송이어서예요. 그래서 상업적인 광고에 영향을 받지 않고, 공정하고 객관적인 방송을 만들려고 노력합니다.

1922년에 설립된 BBC는 아주 오랜 역사를 가지고 있고, 그만큼 많은 경험과 노하우를 가지고 있어요. 그 역사만큼 영국뿐 아니라 전 세계 사람들에게 영향을 주는 방송국이랍니다. 제2차세계대전 당시, 뉴스 방송을 통해 국민들에게 정확한 정보를 전달하여 국민들을 안심시키고 사기를 북돋아 주었던 BBC는 1969년, 인류 최초로 달에 착륙한 '아폴로 11호'의 착륙 장면을 생중계하여 전 세계 사람들에게 감동을 선사하기도 했습니다.

AP통신은 'Associated Press'의 줄임말로, '연합 통신사'라는 뜻이에요. 미국에서 시작된 아주 오래된 뉴스 통신사로, 전 세계에 뉴스와 사진, 영상 등을 전달하는 역할을 하죠. AP통신은 전 세계 사람들에게 세상 소식을 전달하는 곳입니다.

AP통신은 전 세계에서 일어나는 다양한 사건과 사고, 정치, 경제, 사회, 문화 등 모든 분야의 뉴스를 빠르고 정확하게 보도합니다. 또 뉴스뿐만 아니라 생생한 사진과 영상도 함께 제공하여 사람들이 뉴스를 더욱 잘 이해할 수 있도록 도와줘요. 뿐만 아니라 전 세계에 기자들을 파견하여 현장의 생생한 소식을 빠르게 전달합니다.

AP통신이 중요한 건, 전 세계에 넓은 네트워크를 가지고 있어 빠르고 정확하게 뉴스를 전달할 수 있어서예요. 그리고 특정 국가나 단체의 입장에 치우치지 않고 객관적인 사실을 전달하려고 노력하죠. AP통신이 제공하는 뉴스는 전 세계 많은 언론사에서 사용되기 때문에, 전 세계 뉴스 보도의 중심이라고 할 수 있어요.

1846년에 설립되어 아주 오랜 역사를 가지고 있는 AP통신은, 초기에는 말을 타고 뉴스를 전달하기도 했대요. 또 세계적으로 중요한 사건들을 많이 보도했는데, 예를 들어, 제2차세계대전, 걸프전, 9.11 테러 등 역사적인 순간들을 생생하게 전달했어요.

말잘해 앵커와 **궁금해 기자**의 질문에 답해 보세요.

올바른 언론이 갖춰야 할 요건과 거리가 먼 것은 무엇일까요?

① 권력에 순종 ② 공정성

③ 사실보도 ④ 비판적인 문제 제기

방송국이나 신문사 등 언론은 사실을 정확하게 전달해야 하고, 갈등 상황을 다룰 때 공정해야 하고, 문제가 있는 곳을 지적해야 해요.
또 올바른 언론은 어떤 역할을 해야 할까요?

7
대통령 체포와 내란 혐의

말잘해 앵커

윤석열 대통령에 대한 2차 체포영장 집행이 조금 전에 진행됐습니다. 현직 대통령이 체포된 건 헌정사상 처음입니다. 궁금해 기자 전해주시죠.

궁금해 기자

네, 경찰과 공수처는 조금 전에 윤 대통령에 대한 체포영장을 집행했다고 밝혔습니다. 윤 대통령이 탄 차량은 공수처로 이동 중인 것으로 보입니다. 윤 대통령은 내란 우두머리 혐의를 받고 있는데요. 공수처 도착 이후 조사에 들어갈 전망입니다.

 아빠, 대통령이 체포됐나 봐요?

 그렇구나, 지난번에 1차 체포 시도 때는 대통령 경호처가 가로막아서 실패했는데, 오늘은 큰 충돌 없이 이뤄진 것 같구나.

 아빠, 그럼 대통령은 어떻게 되는 거예요?

 이제 비상계엄에 대해서 조사를 받게 되겠지. 국회에서

는 지난번에 대통령이 비상계엄을 선포한 게 헌법을 어긴 거라고 판단해서 탄핵소추안을 통과시켰잖아.

 아, 기억이 잘 안 나요.

 용어가 어렵긴 하지. 아빠가 얘기했던 걸 잘 생각해 봐.

 탄핵소추안이 국회에서 통과돼서 일단 대통령의 임무가 정지된 거고, 헌법재판소에서 최종 판결을 받게 된다는 거죠?

 그래, 그런데 두 가지로 나눠서 생각해 보자. 먼저 헌법재판소는 대통령의 파면 여부만 결정해. 대통령이 지위를 유지하느냐, 못 하게 되느냐만 결정하는 거지.

 그럼 뭐 다른 게 또 있어요?

 어, 대통령은 이번 비상계엄 선포로 내란 혐의를 받고 있어. 우리나라 대통령은 원래 불소추특권이라는 게 있거든. 형사사건에 대해서 재판에 넘겨지지 않는 특별한 권한이 있다는 거야. 그런데 예외가 바로 내란이나 외환죄야. 아무리 대통령이라고 해도 내란죄는 수사할 수 있다는 얘기지.

 그만큼 무거운 범죄라고 보는 거네요?

 그렇지.

 그럼, 아빠? 내란죄를 저지르면 어떤 벌을 받게 돼요?

 어, 일단 형법에 내란의 '우두머리'는 사형이나 무기징역, 무기금고에 처한다고 돼 있어. 무기징역이나 무기금고 모두 평생 감옥에 갇혀있게 된다는 뜻이야. 우두머리를 도와서 내란을 함께 도모한 '중요 임무 종사자'도 사형이나 무기징역 등의 큰 벌을 받을 수 있고, '단순 관여자'도 5년 이하의 징역이나 금고형에 처할 수 있어.

 아빠, 그럼 이런 결정은 누가 해요?

 어, 일단 어떤 형사사건에 대해서 법원에 심판을 요구하는 걸 기소라고 하는데, 우리나라에서 기소는 검찰만 할 수가 있어. 이걸 기소독점주의라고 해. 이번에도 검찰이 대통령의 내란죄에 대해서 기소를 했고.

 그럼 결정은 법원이 하겠네요?

 그렇지. 이번엔 서울중앙지방법원에서 1심 판결을 맡았

어. 정확하게는 형사합의 25부란 곳인데, 대통령뿐 아니라 내란의 중요 임무 종사자 혐의를 받는 전 국방부 장관이나 전 경찰청장 등에 대한 재판도 여기서 진행돼.

아빠, 어떤 결과가 나올까요?

글쎄, 결정은 재판부에 맡겨야지. 하지만 재판 결과를 떠나서 국민의 손으로 직접 뽑은 현직 대통령이 내란죄로 조사를 받고 재판을 받는다는 게, 아빠도 참 씁쓸하구나. 하지만, 법 앞에선 누구나 평등하다는 말이 있잖아. 국민이 모두 보는 앞에서 비상계엄을 선포했고, 많은 국민은 비상계엄을 선포한 상황에 대해서 납득하지 못했잖아. 너도 그렇고. 대통령의 결정과 행동이 법에 어긋났고 잘못됐다고 법원에서 판결한다면 대통령도 죗값을 치러야겠지.

공수처

여러분, 안녕! 저는 대한국민중학교 사회교사인 다알아예요.

공수처는 고위공직자범죄수사처의 약자입니다. 높은 자리에 있는 공무원들의 범죄를 전문적으로 수사하는 곳이에요. 학교에서 선생님들이 학교 규칙을 어겼을 때 특별한 선생님들이 조사하는 것처럼, 공수처는 높은 자리에 있는 공무원들이 나쁜 일을 저질렀을 때 특별히 조사하는 곳이죠.

공수처는 대통령, 국회의원, 판사, 검사 등 높은 자리에 있는 공무원들이 권력을 남용하거나 돈을 받는 등의 나쁜 일을 저질렀을 때 수사합니다. 그리고 높은 자리에 있는 공무원의 가족들이 함께 나쁜 일을 저질렀을 때도 수사해요. 공수처는 높은 자리에 있는 공무원들은 일반 사람들보다 더 큰 힘을 가지고 있기 때문에, 그들이 나쁜 일을 저지르면 사회에 큰 피해를 줄 수 있어서 필요한 기관입니다. 높은 자리에 있는 사람들이 법을 어기면 누구든지 공정하게 수사받아야 한다는 것을 보여주기 위해서예요. 그리고 자신의 권력을 함부로 사용하지 못하도록 감시하는 역할도 합니다.

헌법재판소

여러분, 안녕!
저는
전 헌법재판관이에요.

헌법재판소는 우리나라의 가장 중요한 법인 '헌법'을 지키는 특별한 법원입니다. 마치 학교에 학교 규칙을 지키는 선생님들이 계시는 것처럼, 헌법재판소는 우리나라의 법들이 헌법을 잘 지키고 있는지 감시하는 역할을 해요. 즉, 헌법재판소는 법률이 헌법에 어긋나는지 판단해요. 국회에서 만든 법률이 헌법에 어긋나는 부분이 없는지 꼼꼼히 살펴보고, 만약 문제가 있다면 그 법률을 없애거나 고치도록 결정합니다. 대통령이나 국회의원들이 헌법이나 법률을 심각하게 어겼을 때, 그들의 잘못을 판단하고 그에 맞는 결정을 내리죠. 그리고 국가 기관들 사이의 다툼을 해결하기도 해요. 우리나라에는 여러 국가 기관들이 있는데, 이들 사이에 다툼이 생겼을 때 누가 옳은지 판단하고 해결해 준답니다. 헌법에 적힌 국민의 기본권을 지켜주기도 해요. 국민들이 헌법에 보장된 자유와 권리를 제대로 누리지 못하고 있다고 생각될 때, 헌법재판소에 도움을 요청할 수 있어요.
헌법재판소는 우리나라의 민주주의를 지키는 아주 중요

한 역할을 합니다. 헌법은 국민 모두의 약속이자 기준이기 때문에, 헌법재판소가 헌법을 잘 지켜줌으로써 우리는 안전하고 행복한 삶을 살아갈 수 있어요. 뉴스나 드라마에서 헌법재판소가 등장하는 장면들을 보면, 어려운 법률 용어들이 많이 나와서 조금 딱딱하게 느껴질 수도 있지만, 사실 헌법재판소는 우리 생활과 아주 밀접하게 관련된 중요한 결정을 많이 내린답니다.

말잘해 앵커와 **궁금해 기자**의 질문에 답해 보세요.

우리나라 대통령은 임기 중엔 범죄 혐의가 있어도 고소되거나 형사재판을 받지 않는 불소추특권이 있어요. 다음 중 여기에 해당하지 않는 범죄는 무엇일까요?

① 내란 ② 폭행 ③ 사기 ④ 살인

여러분이 대통령실에서 대통령의 일을 돕는 일을 하고 있는데, 이번처럼 갑자기 대통령이 불법적인 비상계엄을 선포한다면 대통령에게 뭐라고 얘기할 건가요?

8

극단주의와 폭력의 잉태

법원에서 어떤 결정이 나오든, 결과를 수용하지 않으면 우리 사회는 더 큰 혼란에 빠질 수도 있어

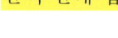

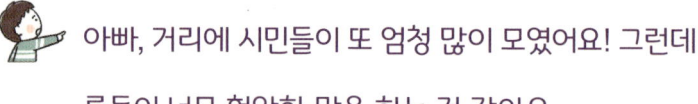

"공수처 해체! 선관위 해체! 헌법재판소 해체! 국수본 해체! 국회 해체!" "헌법재판관을 밟아! 밟아, 밟아, 밟아!"

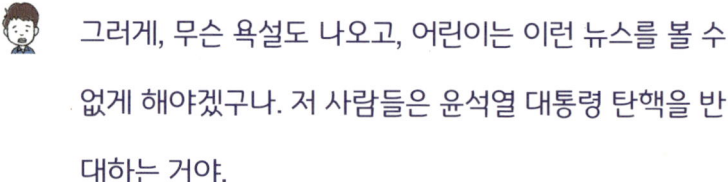

- 아빠, 거리에 시민들이 또 엄청 많이 모였어요! 그런데 어른들이 너무 험악한 말을 하는 것 같아요.
- 그러게, 무슨 욕설도 나오고, 어린이는 이런 뉴스를 볼 수 없게 해야겠구나. 저 사람들은 윤석열 대통령 탄핵을 반대하는 거야.
- 그럼 그 비상계엄을 선포한 게 문제가 없다고 주장하는 거예요?
- 뭐, 그렇게 생각하는 것도 개인의 자유니까 그걸 누가 뭐라고 할 수 있는 건 아니지.
- 아빠, 그런데 말이 너무 과격한 거 아니에요?
- 그렇지, 민주주의 사회에서는 누구나 자신의 주장을 할 수 있어. 어떤 사안에 대해서 사람들마다 생각이 다른 것도 당연한 거고, 그런데 그 입장을 좁히기 위해서 우리가

선택해야 할 방법은 대화와 타협이야.

 서로 말로 하라는 얘기죠?

 그렇지, 절대 폭력을 사용하거나 또 저렇게 폭력을 조장하면 안 되는 거란다. 특히 많은 사람들이 모인 곳에서 저런 발언을 하면, 자칫 폭력이 정당화될 수도 있어, 큰 사고가 날 수 있다는 거지.

 맞아요. 그런데 말로 해서 해결이 안 될 때가 많잖아요?

 그렇지, 너랑 아빠도 가끔 의견이 맞지 않을 때가 있잖아. 오늘도 아빠는 점심에 순댓국을 먹자고 했는데, 너는 또 짜장면을 먹자고 한 것처럼.

 그래서 우리는 한 번씩 좋아하는 걸 먹기로 원칙을 정했잖아요. 그래서 오늘 순댓국을 먹은 거고.

그렇지, 그거야. 대통령의 탄핵 여부는 굉장히 중요한 문제잖아. 그래서 저렇게 사람들이 자기 생각이 맞다고 강하게 주장하는 거고. 그럴 때 따라야 하는 게 뭘까?

 법일까요?

 그렇지, 지금 대통령의 탄핵 여부는 헌법재판소에서 심판을 하고 있잖아. 이 문제는 헌법재판소의 결정이 대통령뿐 아니라 국민 누구나 받아들여야 할 최종 결정인 거고. 자신의 의견과 맞지 않는 결과가 나왔다고 해도 결과를 받아들여야 국가의 시스템이 제대로 돌아갈 수 있는 거지.

말잘해 앵커

오늘 탄핵 반대 집회에서는 현역 국회의원이 폭력을 선동하는 말을 하기도 했는데요. 들어 보시죠.

탄핵 반대 집회

공수처, 선관위, 헌법재판소, 때려 부숴야 합니다. 쳐부수자!

 저는 그래서 오늘 짜장면이 너무 먹고 싶었지만 양보를 한 거잖아요.

 그래서 가정 시스템이 잘 돌아갔잖아. 정말 너는 성숙한 시민이야.

아빠, 그런데 또 뭐 때려 부수자고 하네요?

아, 걱정이구나. 저분은 국회의원인데 저런 사회 지도층들은 말을 더 조심해야 해. 법을 만드는 사람들이 법을 지키지 말자고 주장하는 꼴이니, 사실 지난번에 대통령에 대한 구속영장이 발부됐을 때는 진짜 폭력 사태가 있었잖아.

 저도 잠깐 TV로 봤어요. 사람들이 막 유리창을 깨고 건물을 부수고, 그랬잖아요.

 맞아, 대통령에 대한 구속

영장이 나온 것에 반대해서 수십 명이 법원으로 몰려가서 폭력을 행사한 건데, 일부 정치인들이 이 폭력 사태를 옹호하는 발언을 하기도 했어.

 정말요?

 '폭력은 또 다른 폭력을 낳는다'라는 말이 있거든. 이제 헌법재판소와 법원에서 어떤 결정이 나오든, 결과를 수용하지 않으면 우리 사회는 더 큰 혼란에 빠질 수도 있어.

국수본

여러분, 안녕! 저는 헌법학자 박사붕이에요

국수본은, 국가수사본부의 약자로 경찰청 안에 있는 특별한 수사 기관입니다. 마치 학교에 여러 선생님들이 계시지만, 특별히 어려운 문제를 해결하는 선생님들이 계시는 것처럼 말이에요. 국가수사본부는 전국에서 일어나는 여러 범죄 중에서 특히 중요한 범죄들을 전문적으로 수사하는 곳입니다.

국수본은 살인, 강도, 방화처럼 사람들에게 큰 피해를 주는 무서운 범죄들을 수사해요. 그리고 여러 사람이 함께 나쁜 일을 저지르는 조직적인 범죄들을 수사하는데요, 예를 들어, 보이스피싱이나 마약 밀매 같은 범죄들이 있지요. 돈과 관련된 복잡한 범죄들도 수사하는데 예를 들어, 회사 돈을 몰래 빼돌리는 횡령이나 사기 같은 범죄들이 있어요. 인터넷이나 컴퓨터를 이용한 새로운 형태의 범죄들, 예를 들어, 해킹이나 인터넷 사기 같은 범죄들을 수사합니다.

이런 중대한 범죄를 수사하다보니 국수본에는 특별한 능력을 가진 경찰관들이 모여 있어요. 마치 어벤져스처럼 각자 다른 분야의 전문가들이 함께 힘을 합쳐서 어려운 사건들을 해결하죠. 최첨단 장비를 사용하여 범죄 현장의 증거를 분석하고 범인을 찾는 능력이 뛰어나고요, 컴퓨터와 인터넷에 숨겨진 범죄의 흔적을 찾아내는 특별한 능력이 있답니다. 외국에서 일어난 범죄나 외국인이 관련된 범죄를 수사하기 위해 다양한 외국어를 잘하는 경찰관들이 있어요. 실제로 뉴스나 드라마에서 국가수사본부가 등장하는 장면들을 보면 정말 흥미진진한데, 어려운 사건들을 척척 해결하는 모습은 마치 탐정 영화를 보는 것 같아요.

극단주의

여러분, 안녕! 저는 대한국민중학교 사회교사인 다알아예요.

극단주의는 어떤 생각이나 믿음에 너무 깊이 빠져서 다른 사람들의 생각은 전혀 존중하지 않고, 자신의 생각만이 옳다고 믿는 태도를 말합니다. 마치 세상에는 하얀색과 검은색만 존재한다고 생각하는 것처럼, 모든 것을 자기 생각대로만 판단하고 행동하는 거죠. 극단주의에 빠진 사람들은 어떻게 행동할까요? 다른 사람들을 미워하고 공격해요. 자기와 생각이 다른 사람들을 나쁜 사람이라고 생각하고, 심지어는 폭력을 쓰기도 합니다.

거짓 정보도 퍼뜨려요. 자신의 생각을 옳다고 믿게 하기 위해 거짓 뉴스를 만들거나 퍼뜨리기도 하죠. 또 자신들만의 규칙을 만들어요. 사회의 규칙이나 법을 무시하고, 자기들만의 규칙을 만들어 다른 사람들에게 강요하기도 합니다.

그렇다면 왜 극단주의는 위험할까요? 극단주의는 우리 사회를 매우 위험하게 만들 수 있어요. 서로 다른 생각을 가진 사람들이 함께 살아가는 사회에서, 극단주의는 갈등과 싸움을 일으키고 심지어 전쟁까지 일으킬 수도 있어요. 극단주의에 빠지지 않으려면 어떻게 해야 할까요? 다양한 생각을 존중해야 해요. 세상에는 나와 다른 생각을 가진 사람들이 많다는 것을 기억하고, 그들의 생각을 존중해야 합니다. 그리고 비판적인 사고를 가져야 합니다. 모든 정보를 그대로 믿지 않고, 비판적으로 생각하고 판단하는 능력을 키워야 해요. 그리고 열린 마음을 가져야 해요. 새로운 정보나 다른 사람의 의견을 들을 때, 열린 마음으로 받아들이는 태도를 가져야 해요. 우리 모두 다양한 생각을 존중하고, 서로 이해하고 배려하는 마음을 가진다면, 극단주의 없이 평화로운 사회를 만들 수 있을 거예요.

말잘해 앵커와 **궁금해 기자**의 질문에 답해 보세요.

민주주의 사회에서는 한 사안에 대해서 다양한 의견이 존재해요. 나와 생각이 다른 사람과 의견이 충돌할 때 가장 올바른 대처 방법을 고르세요.

① 다수의 의견임을 앞세워 몰아세운다.
② 설득으로 안 되면 가벼운 폭력은 쓸 수도 있다.
③ 법원의 최종 판결이 나오면 내 의견과 맞지 않아도 수용한다.
④ 한 번 들어서 나와 의견이 다르다면, 굳이 더 들으려 하지 않는다.

가족이나 친구 등 다른 사람과 생각이 달라서 가장 힘들었던 경험을 쓰고, 그때 어떻게 문제를 해결했는지, 만약에 당시에 문제가 잘 해결되지 않았다면, 지금은 어떤 방법을 쓸 수 있을지 써보세요.

9

피청구인 대통령 윤석열을 파면한다

헌법소원심판

헌법재판관 8명이
결정하는 거예요?
지난번에 9명이라고
했던 것 같은데?

오! 예리하구나~
아빠가 설명해줄게~

헌법재판소장 권한대행

지금부터 2024헌나8 대통령 윤석열 탄핵 사건에 대한 선고를 시작하겠습니다.
……
피청구인의 법 위반행위가 헌법질서에 미친 부정적 영향과 파급효과가 중대하므로, 피청구인을 파면함으로써 얻는 헌법 수호의 이익이 대통령 파면에 따르는 국가적 손실을 압도할 정도로 크다고 인정됩니다.

이에 재판관 전원의 일치된 의견으로 주문을 선고합니다.

탄핵 사건이므로 선고시각을 확인하겠습니다. 지금 시각은 오전 11시 22분입니다.

주문, 피청구인 대통령 윤석열을 파면한다.

이것으로 선고를 마칩니다.

 아들아, 이번엔 아빠가 먼저 뉴스를 봤구나. 대통령이 결국 지위를 잃었어.

 결국 비상계엄을 선포한 게 잘못됐다는 거군요?

 그렇지. 대통령이 헌법을 지키지 않았다는 거야. 많은 국민이 TV로 지켜봤듯이 국회와 중앙선거관리위원회에 계엄군을 보내고, 국회의원의 활동을 방해한 것이 모두 헌법 위반이라는 거지, 또 비상계엄을 선포할 수 있는 상황도 처음부터 아니었다는 거야. 계엄령을 선포하려면 국무총리와 장관들이 참여하는 국무회의를 열어서 심의 과정을 거쳐야 하는데, 이 과정도 제대로 지켜지지 않았다고 본 거야.

또 대통령이 헌법을 지킬 의지가 있었느냐도 중요한 부분인데, 체포영장 집행을 거부하고, 재판관의 성향을 계속 문제 삼고 했던 부분에서도 대통령이 헌법을 지킬 의지가 없다고 판단한 것 같아. 결국 재판관 의견 전원일치로 대통령 파면 결정이 내려졌어.

예전 대통령도 이렇게 파면된 적이 있어요?

맞아, 벌써 두 번째구나. 지난 2017년에 박근혜 대통령이 국정농단 사건으로 파면된 적이 있어. 잘잘못을 떠나서 이렇게 대통령이 임기를 마치지 못하고 물러나는 건 좋지 않은 일이지.

그래도 잘못했으면 어쩔 수 없죠. 아빠가 저 혼낼 때 자주 하는 말 아니에요?

어, 그걸 그렇게 비교할 건 아니지만 말이야……. 네 말이 틀린 건 아니구나.

아빠, 그런데 대통령 파면을 발표하는 저분들은 누구예

요? 다 똑같은 옷을 입고 있네요.

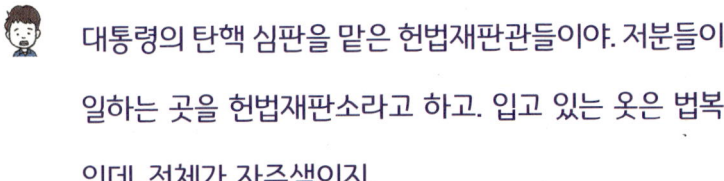 대통령의 탄핵 심판을 맡은 헌법재판관들이야. 저분들이 일하는 곳을 헌법재판소라고 하고. 입고 있는 옷은 법복인데, 전체가 자주색이지.

다들 표정이 없고, 무서운데요?

너 '최후의 보루'라는 말 들어봤지?

친구들이랑 장난치고 놀 때 들어 본 거 같아요. 애니메이션에서도 들은 거 같고요.

그럼 무슨 뜻인지 잘 알겠네?

어 그러니까 ……, 막 싸우다가 더는 물러설 수 없을 때 이 말을 쓰는 것 같아요.

그렇지, 보루라는 게 성이나 요새 같은 군사시설을 말하는데, 최후의 보루라고 하면 어떤 상황이 와도 끝까지 지켜야 할 것이라고 이해하면 돼.

아빠, 저에게 하루 게임 1시간은 최후의 보루라고나 할까요?

그렇다면 하루에 공부 1시간, 운동 1시간은 너에게 게임 1시간을 허락할 수 있는 아빠의 최후의 보루라고나 할까?

하하, 뭐 그 정도야 할 수 있죠.

참, 훈훈한 대화구나.

아빠, 그런데 최후의 보루 얘기는 왜 꺼낸 거예요?

헌법재판소를 법치주의와 민주주의를 지키기 위한 최후의 보루라고 해. 그만큼 중요한 걸 최종적으로 결정하는 곳이거든.

탄핵 심판 말고도 또 있어요?

먼저 '위헌법률심판'이라고 법률이 헌법에 맞는지 여부를 결정하고, 또 '정당해산심판'이라고 정당의 활동이 헌법에 어긋나서 그 정당을 없애야 하는지도 판단해.

대충 들어도 정말 중요한 결정을 하는 곳이네요.

 대충 듣지 말고, 새겨서 들었으면 좋겠는데…또 2개가 더 남았는데, 먼저 '권한쟁의심판'이라고 하고, 국가기관이나 지방자치단체 사이에 다툼이 있을 때 이걸 해결하는 거야.

 아, 이건 저랑 누나랑 싸울 때 아빠가 자주 하는 거 아니에요?

 뭐, 비슷한 거지. 에헴. 또 마지막으로 이게 굉장히 중요한 건데, 너와 아빠와 같은 국민이 국가권력으로부터 기본권을 침해받았다고 생각할 때 이걸 바로잡아달라고 '헌법소원심판'이라는 걸 요청할 수 있어. 너 친구 중에 아빠 말고 엄마 성을 따라서 이름을 지은 친구 있잖아. 그것도 '헌법소원심판'으로 가능하게 된 거야.

 오, 그래요? 저는 집에서 가끔 기본권을 침해받고 있는 것 같긴 한데……

왜, '헌법소원심판'이라도 내보려고?

 에이, 아빠 발끈하긴요. 농담이에요.

 아빠를 아주 놀려먹는구나.

 아빠 그러면 저렇게 헌법재판관 8명이 결정하는 거예요? 지난번에 9명이라고 했던 것 같은데?

 너 참 아빠 닮아서 예리하구나. TV에서 8명이 앉아 있는 걸 세어본 거야?

 아빠, 제가 원래 '디테일'에 강하다고요.

 그래, 인정! 인정! 중요한 질문인데, 지난번에 한 번 설명한 것처럼 원래 우리나라의 헌법재판관은 모두 9명이야.

 그럼, 한 분은 아파서 못 온 거예요?

 그건 아니고, 헌법재판관은 어느 곳보다 공정성이 중요하기 때문에 행정부와 입법부, 사법부가 3명씩 지명하게 돼 있어. 그래서 대통령과 국회, 대법원장이 3명씩 결정하거든. 실질적인 권한은 이렇게 나누어져 있지만 대통령이 최종 임명하는 절차를 거쳐야 하는데, 한 명에 대해선 대통령 권한대행이 임명을 보류했어. 그래서 8명이 이번 탄핵

심판을 맡게 된 거야.

그렇군요. 아무튼 저 헌법재판관분들도 매번 이렇게 어려운 결정을 해야 하니 정말 힘들겠어요. 전 '오늘 뭐 하고 놀까?'를 결정하는 것도 항상 어려운데…….

세상의 모든 결정은 다 힘든 법이야. 아빠도 점심때마다 무엇을 먹어야 할지, 갈팡질팡해. 다만 헌법재판관이 내린 결정은 파급 효과가 훨씬 크니까, 오로지 헌법에 따라 사안을 정확하게 바라보고, 냉철하게 결정해야겠지.

헌법소원심판

여러분, 안녕! 저는 전 헌법재판관이에요.

헌법소원심판은 '국가가 만든 법이나 행동이 우리 헌법에 어긋나는지 아닌지를 판단해 달라고 헌법재판소에 요청하는 것'을 말해요. 헌법은 우리나라에서 가장 중요한 법이고, 우리 모두의 기본적 권리를 담고 있어요. 만약 어떤 법이나 국가의 행동이 헌법에 어긋나서 우리의 권리를 침해한다면, 헌법소원심판을 통해 바로잡을 수 있죠.

헌법소원심판은 국가가 함부로 우리의 권리를 침해하지 못하도록 막아주는 역할을 해요. 그리고 헌법에 어긋나는 법은 무효로 만들어서, 법이 항상 공정하게 적용되도록 도와줘요.

국민이 직접 잘못된 법을 바로잡을 수 있도록 함으로써, 민주주의가 더욱 발전할 수 있도록 하죠.

예를 들어, 학교에서 갑자기 말도 안 되는 규칙이 생겨서 우리의 자유를 심하게 제한한다면, 헌법소원심판을 통해 그 규칙이 잘못되었다고 주장할 수 있어요. 또, 인터넷에서 함부로 나쁜 말을 하거나 다른 사람을 괴롭히는 행위를 막는 법이 있는데, 만약 그 법이 우리의 표현의 자유를 너무 심하게 제한한다면, 헌법소원심판을 통해 적절한 수준으로 조정할 수 있어요. 최근에는 기후 변화에 대한 심각성을 알고 있는 한 초등학생이 국가가 제대로 된 정책을 만들지 않아서 미래세대의 권리를 침해했다는 내용으로 헌법 소원을 내기도 했습니다.

헌법소원심판은 우리 모두의 권리를 지키는 아주 중요한 제도이지만, 아무나 함부로 요청할 수 있는 것은 아니에요. 헌법소원심판을 요청하려면 일정한 자격과 절차를 거쳐야 한답니다. 하지만 우리가 헌법과 우리의 권리에 대해 잘 알고 있다면, 언젠가 우리도 헌법소원심판을 통해 더 나은 세상을 만드는 데 기여할 수 있을 거예요!

 **말잘해 앵커**와 **궁금해 기자**의 질문에 답해 보세요.

 다음 중 헌법재판소가 하는 일을 모두 고르세요.

① 탄핵심판 ② 내란심판
③ 헌법소원심판 ④ 위헌법률심판

 이번 탄핵심판은 헌법재판관 8명이 결정했어요. 원래 헌법재판관은 9명입니다. 만약에 여러분이 그 나머지 한 명으로 탄핵심판에 참가했다고 생각하고, 여러분의 결정과 결정한 이유를 설명해 보세요.

말잘해 앵커

헌법재판소의 대통령 탄핵 심판 이후 후폭풍이 거셉니다. 탄핵 찬성을 주장했던 시민들은 대통령의 불법 비상계엄 선포에 대한 당연한 결과라고 환호했지만, 탄핵 반대를 외쳤던 시민들은 결과를 받아들일 수 없다며 반발했습니다. 궁금해 기자! 더는 혼란한 상황이 이어지면 안 되겠는데요. 60일 이후에 조기 대선이 치러지죠?

궁금해 기자

네, 다음 대통령을 뽑는 선거는 헌법재판소의 최종 탄핵 심판 이후 60일 이내에 치러집니다. 다음 대통령의 첫 번째 과제는 탄핵 사태로 혼란한 사회 갈등을 수습하는 일이 될 겁니다. 비상계엄 선포 이후 흔들린 국가의 시스템을 재정비하고, 추락한 국가 위상을 되살려 경제 위기를 극복하는 것도 새 정부의 당면 과제입니다.

아빠, 그럼 다시 대통령 선거를 해야 하네요?

 어, 말잘해 앵커와 궁금해 기자가 얘기한 대로 6월에 또 대선이 있겠구나. 아들아, 그런데 너 요즘에 뉴스를 열심히 보더니 사회에 관심이 부쩍 많아진 것 같구나.

 처음부터 그러려고 했던 건 아닌데, 저도 모르게 관심이 많아졌어요. 배운 것도 많고요.

 아, 그래? 무엇을 배운 것 같아?

다 기억나진 않지만, 국회랑 법원, 선거관리위원회, 헌법재판소 같은 기관들이 뭘 하는 곳인지도 알았고요. 이런 국가기관들이 혼란스러워 보이긴 해도, 뭔가 각자의 일을 하면서 우리나라가 돌아가는 거구나 생각했어요.

 또……?

 또 있어?

 대통령도 잘못하면 이렇게 자리에서 물어나게 되는 것도 알았죠.

 그래, 아주 많은 걸 배웠네. 누가 될지 모르겠지만, 다음 대통령에게 바라는 건 없니?

 먼저, 헌법을 잘 지켜서 이렇게 쫓겨나는 대통령은 더는 안 나왔으면 좋겠어요. TV 보면서 아빠랑 얘기하면서 공부도 많이 했지만, 저 처음 비상계엄 발표했을 땐 좀 무섭기도 하고, 나름 혼란스러웠어요. 스트레스도 받았고요. 그래서 저에게 스트레스를 안 주는 대통령이 됐으면 좋겠고요. 또 바람이 있다면, 공부 시간은 좀 줄고, 노는 시간이 좀 많아졌으면 좋겠어요. 대통령이라면 이 정도는 할 수 있는 거 아니에요? 어린이는 열심히 뛰어놀아야 하잖아요?

 아들아, 넌 충분히 열심히 놀고 있는 건 아니니?

 아 뭐 친구들보다는 많이 놀긴 하죠. 아, 그리고 아빠?

 너 굉장히 요구 사항이 많구나.

 이건 정말 걱정인데요. 누나 때는 저희 학교가 10반까지 있었는데, 우리는 7반까지밖에 없어요. 그리고 지금 저학년은 5반까지만 있고요. 이건 정말 심각해요. 이렇게 가

다가는 우리나라에서 아예 어린이가 없어지는 거 아니에요? 어린이가 많아지는 사회를 새 대통령이 만들어줬으면 좋겠어요.

아주 훌륭한 공약인데. 아빠 생각에도 저출생과 경제적, 사회적 양극화 문제가 정말 심각한데, 다음 대통령과 정부가 해결을 위한 좋은 대책을 내놓았으면 좋겠구나.

말잘해 앵커

대통령 탄핵 사태로 치러진 조기 대통령 선거에서 대한민국 21대 대통령은 …….

법치주의

여러분, 안녕! 저는 민주대학 법학과 교수예요.

법치주의는 쉽게 말해 '법이 나라를 다스리는 것'이에요. 학교에 규칙이 있어서 모두가 질서를 지키는 것처럼, 나라도 법이라는 규칙을 만들고 모두가 그 규칙을 따르는 거죠. 이건 지위와 신분을 막론하고 모든 국민에 평등하게 적용되어야 해요.

법은 왜 필요할까요? 첫째, 공정한 세상 만들기 위해서예요. 법은 모든 사람에게 똑같이 적용돼요. 힘센 사람이나 돈 많은 사람도 법 앞에서 평등하죠. 둘째, 안전한 세상을 만들기 위해서예요. 법은 사람들이 서로를 해치지 않고 안전하게 살 수 있도록 도와줘요. 셋째, 모두의 권리를 지키기 위해서예요. 법은 우리가 자유롭게 생각하고 표현하며 살아갈 권리를 지켜줘요.

학교에서 친구들과 사이좋게 지내는 것도, 길을 건널 때 신호를 지키는 것도 모두 법과 관련된 행동이에요. 우리가 인터넷에서 함부로 다른 사람을 욕하거나 나쁜 말을 하면 안 되는 것도 법으로 정해져 있어요. 만약 누군가 우리의 권리를 침해한다면, 법의 도움을 받아 정당하게 해결할 수 있어요.

법치주의는 우리 모두가 함께 지켜나가야 할 소중한 약속이에요. 법을 잘 지키는 것은 물론이고, 잘못된 법은 고칠 수 있도록 노력해야 해요. 우리 모두 법을 존중하고 함께 만들어가는 멋진 시민이 되어 봐요!

말잘해 앵커와 **궁금해 기자**의 질문에 답해 보세요.

대통령이 파면 등으로 자리를 비우거나 사망했을 때, 며칠 이내에 다음 대통령 선거를 치러야 할까요?

① 50일 ② 60일
③ 90일 ④ 국회에서 결정한 날

여러분이 다음 대통령 선거에 출마한다고 생각하고, 어린이와 청소년들을 위한 공약 5개를 만들어보세요.

부록

[전문] 윤석열 대통령 탄핵사건 선고 요지

지금부터 2024헌나8 대통령 윤석열 탄핵사건에 대한 선고를 시작하겠습니다. 먼저, 적법요건에 관하여 살펴보겠습니다.

이 사건 계엄 선포가 사법심사의 대상이 되는지에 관하여 보겠습니다. 고위공직자의 헌법 및 법률 위반으로부터 헌법질서를 수호하고자 하는 탄핵심판의 취지 등을 고려하면, 이 사건 계엄 선포가 고도의 정치적 결단을 요하는 행위라 하더라도 그 헌법 및 법률 위반 여부를 심사할 수 있습니다.

국회 법사위의 조사 없이 이 사건 탄핵소추안을 의결한 점에 대하여 보겠습니다. 헌법은 국회의 소추 절차를 입법에 맡기고 있고, 국회법은 법사위 조사 여부를 국회의 재량으로 규정하고 있습니다. 따라서 법사위의 조사가 없었다고 하여 탄핵소추 의결이 부적법하다고 볼 수 없습니다.

이 사건 탄핵소추안의 의결이 일사부재의 원칙에 위반되는지 여부에 대하여 보겠습니다. 국회법은 부결된 안건을 같은 회기 중에 다시 발의할 수 없도록 규정하고 있습니다. 피청구인에 대한 1차 탄핵소추안이 제418회 정기회 회기에 투표 불성립되었지만, 이 사건 탄핵소추안은 제419회 임시회 회기 중에 발의되었으므로, 일사부재의 원칙에 위반되지 않습니다.

한편 이에 대해서는 다른 회기에도 탄핵소추안의 발의 횟수를 제한하는 입법이 필요하다는 재판관 정형식의 보충의견이 있습니다.

이 사건 계엄이 단시간 안에 해제되었고, 이로 인한 피해가 발생하지 않았으므로 보호이익이 흠결되었는지 여부에 대하여 보겠습니다. 이 사건 계엄이 해제되었다고 하더라도 이 사건 계엄으로 인하여 이 사건 탄핵 사유는 이미 발생하였으므로 심판의 이익이 부정된다고 볼 수 없습니다.

소추의결서에서 내란죄 등 형법 위반 행위로 구성하였던 것을 탄핵심판청구 이후에 헌법 위반 행위로 포섭하여 주장한 점에 대하여 보겠습니다. 기본적 사실관계는 동일하게 유지하면서 적용법조문을 철회·변경하는 것은 소추사유의 철회·변경에 해당하지 않으므로, 특별한 절차를 거치지 않더라도 허용됩니다.
피청구인은 소추사유에 내란죄 관련 부분이 없었다면 의결정족수를 충족하지 못하였을 것이라고도 주장하지만, 이는 가정적 주장에 불과하며 객관적으로 뒷받침할 근거도 없습니다.

대통령의 지위를 탈취하기 위하여 탄핵소추권을 남용하였다는 주장에 대하여 보겠습니다. 이 사건 탄핵소추안의 의결 과정이 적법하고, 피소추자의 헌법 또는 법률 위반이 일정 수준 이상 소명되었으므로, 탄핵소추권이 남용되었다고 볼 수 없습니다. 그렇다면 이 사건 탄핵심판청구는 적법합니다.

한편 증거법칙과 관련하여, 탄핵심판절차에서 형사소송법상 전문법칙을 완화하여 적용할 수 있다는 재판관 이미선, 김형두의 보충의견과, 탄핵심판절차에서 앞으로는 전문법칙을 보다 엄격하게 적용할 필요가 있다는 재판관 김복형, 조한창의 보충의견이 있습니다.

다음으로 피청구인이 직무집행에 있어 헌법이나 법률을 위반하였는지, 피청구인의 법위반 행위가 피청구인을 파면할 만큼 중대한 것인지에 관하여 살펴보겠습니다. 우선 소추사유별로 살펴보겠습니다.

① 이 사건 계엄 선포에 관하여 보겠습니다.

헌법 및 계엄법에 따르면, 비상계엄 선포의 실체적 요건 중 하나는 '전시·사변 또는 이에 준하는 국가비상사태로 적과 교전 상태에 있거나 사회질서가 극도로 교란되어 행정 및 사법 기능의 수행이 현저히 곤란한 상황이 현실적으로 발생하여야 한다'는 것입니다.

피청구인은 야당이 다수의석을 차지한 국회의 이례적인 탄핵소추 추진, 일방적인 입법권 행사 및 예산 삭감 시도 등의 전횡으로 인하여 위와 같은 중대한 위기상황이 발생하였다고 주장합니다.

피청구인의 취임 후 이 사건 계엄 선포 전까지 국회는 행안부장관, 검사, 방통위 위원장, 감사원장 등에 대하여 총 22건의 탄핵소추안을 발의하였습니다. 이는 국회가 탄핵소추사유의 위헌·위법성에 대해 숙고하지 않은 채 법 위반의 의혹에만 근거하여 탄핵심판제도를 정부에 대한 정치적 압박수단으로 이용하였다는 우려를 낳았습니다.

그러나 이 사건 계엄 선포 당시에는 검사 1인 및 방통위 위원장에 대한 탄핵심판절차만이 진행 중이었습니다.

피청구인이 야당이 일방적으로 통과시켜 문제가 있다고 주장하는 법률안들은 피청구인이 재의를 요구하거나 공포를 보류하여 그 효력이 발생되지 않은 상태였습니다.

2025년도 예산안은 2024년 예산을 집행하고 있었던 이 사건 계엄 선포 당시 상황에 어떠한 영향을 미칠 수 없고, 위 예산안에 대하여 국회 예결특위의 의결이 있었을 뿐 본회의의 의결이 있었던 것도 아닙니다.

따라서 국회의 탄핵소추, 입법, 예산안 심의 등의 권한 행사가 이 사건 계엄 선포 당시 중대한 위기상황을 현실적으로 발생시켰다고 볼 수 없습니다.

국회의 권한 행사가 위법·부당하더라도, 헌법재판소의 탄핵심판, 피청구인의 법률안 재의요구 등 평상시 권력행사방법으로 대처할 수 있으므로, 국가긴급권의 행사를 정당화할 수 없습니다.

피청구인은 부정선거 의혹을 해소하기 위하여 이 사건 계엄을 선포하였다고도 주장합니다. 그러나 어떠한 의혹이 있다는 것만으로 중대한 위기상황이 현실적으로 발생하였다고 볼 수는 없습니다.

또한 중앙선관위는 제22대 국회의원 선거 전에 보안 취약점에 대하여 대부분 조치하였다고 발표하였으며, 사전 우편 투표함 보관장소 CCTV영상을 24시간 공개하고 개표과정에 수검표 제도를 도입하는 등의 대책을 마련하였다는 점에서도 피청구인의 주장은 타당하다고 볼 수 없습니다.

결국 피청구인이 주장하는 사정을 모두 고려하더라도, 피청구인의 판단을 객관적으로 정당화할 수 있을 정도의 위기상황이 이 사건 계엄 선포 당시 존재하였다고 볼 수 없습니다.

헌법과 계엄법은 비상계엄 선포의 실체적 요건으로, '병력으로써 군사상의 필요에 응하거나 공공의 안녕질서를 유지할 필요와 목적이 있을 것'을 요구하고 있습니다.

그런데 피청구인이 주장하는 국회의 권한 행사로 인한 국정마비 상태나 부정선거 의혹은 정치적·제도적·사법적 수단을 통하여 해결하여야 할 문제이지 병력을 동원하여 해결할 수 있는 것이 아닙니다.

피청구인은 이 사건 계엄이 야당의 전횡과 국정 위기상황을 국민에게 알리기 위한 '경고성 계엄' 또는 '호소형 계엄'이라고 주장하지만, 이는 계엄법이 정한 계엄 선포의 목적이 아닙니다.

또한 피청구인은 계엄 선포에 그치지 아니하고 군경을 동원하여 국회의 권한 행사를 방해하는 등의 헌법 및 법률 위반 행위로 나아갔으므로, 경고성 또는 호소형 계엄이라는 피청구인의 주장을 받아들일 수 없습니다. 그렇다면 이 사건 계엄 선포는 비상계엄 선포의 실체적 요건을 위반한 것입니다.

다음으로, 이 사건 계엄 선포가 절차적 요건을 준수하였는지에 관하여 보겠습니다. 계엄의 선포 및 계엄사령관의 임명은 국무회의의 심의를 거쳐야 합니다.

피청구인이 이 사건 계엄을 선포하기 직전에 국무총리 및 9명의 국무위원에게 계엄 선포의 취지를 간략히 설명한 사실은 인정됩니다. 그러나 피청구인은 계엄사령관 등 이 사건 계엄의 구체적인 내용을 설명하지 않았고 다른 구성원들에게 의견을 진술할 기회를 부여하지 않은 점 등을 고려하면 이 사건 계엄 선포에 관한 심의가 이루어졌다고 보기도 어렵습니다.

그 외에도, 피청구인은 국무총리와 관계 국무위원이 비상계엄 선포문에 부서하지 않았음에도 이 사건 계엄을 선포하였고, 그 시행일시, 시행지역 및 계엄사령관을 공고하지 않았으며, 지체 없이 국회에 통고

하지도 않았으므로, 헌법 및 계엄법이 정한 비상계엄 선포의 절차적 요건을 위반하였습니다.

② 국회에 대한 군경 투입에 관하여 보겠습니다.

피청구인은 국방부장관에게 국회에 군대를 투입할 것을 지시하였습니다. 이에 군인들은 헬기 등을 이용하여 국회 경내로 진입하였고, 일부는 유리창을 깨고 본관 내부로 들어가기도 하였습니다.

피청구인은 육군특수전사령관 등에게 '의결정족수가 채워지지 않은 것 같으니, 문을 부수고 들어가서 안에 있는 인원들을 끄집어내라'는 등의 지시를 하였습니다. 또한 피청구인은 경찰청장에게 계엄사령관을 통하여 이 사건 포고령의 내용을 알려주고, 직접 6차례 전화를 하기도 하였습니다. 이에 경찰청장은 국회 출입을 전면 차단하도록 하였습니다. 이로 인하여 국회로 모이고 있던 국회의원들 중 일부는 담장을 넘어가야 했거나 아예 들어가지 못하였습니다.

한편, 국방부장관은 필요시 체포할 목적으로 국군방첩사령관에게 국회의장, 각 정당 대표 등 14명의 위치를 확인하라고 지시하였습니다. 피청구인은 국가정보원 1차장에게 전화하여 국군방첩사령부를 지원하라고 하였고, 국군방첩사령관은 국가정보원 1차장에게 위 사람들에 대한 위치 확인을 요청하였습니다.

이와 같이 피청구인은 군경을 투입하여 국회의원의 국회 출입을 통제하는 한편 이들을 끌어내라고 지시함으로써 국회의 권한 행사를 방해하였으므로, 국회에 계엄해제요구권을 부여한 헌법 조항을 위반하였고, 국회의원의 심의·표결권, 불체포특권을 침해하였습니다. 또한 각 정당의 대표 등에 대한 위치 확인 시도에 관여함으로써 정당활동의 자유를 침해하였습니다.

피청구인은 국회의 권한 행사를 막는 등 정치적 목적으로 병력을 투입함으로써, 국가 안전보장과 국토방위를 사명으로 하여 나라를 위해 봉사하여 온 군인들이 일반 시민들과 대치하도록 만들었습니다. 이에 피청구인은 국군의 정치적 중립성을 침해하고 헌법에 따른 국군통수 의무를 위반하였습니다.

③ 이 사건 포고령 발령에 관하여 보겠습니다.

피청구인은 이 사건 포고령을 통하여 국회, 지방의회, 정당의 활동을 금지함으로써 국회에 계엄해제요구권을 부여한 헌법 조항, 정당제도를 규정한 헌법 조항과 대의민주주의, 권력분립원칙 등을 위반하였습니다. 비상계엄하에서 기본권을 제한하기 위한 요건을 정한 헌법 및 계엄법 조항, 영장주의를 위반하여 국민의 정치적 기본권, 단체행동권, 직업의 자유 등을 침해하였습니다.

④ 중앙선관위에 대한 압수수색에 관하여 보겠습니다.

피청구인은 국방부장관에게 병력을 동원하여 선관위의 전산시스템을 점검하라고 지시하였습니다. 이에 따라 중앙선관위 청사에 투입된 병력은 출입통제를 하면서 당직자들의 휴대전화를 압수하고 전산시스템을 촬영하였습니다. 이는 선관위에 대하여 영장 없이 압수·수색을 하도록 하여 영장주의를 위반한 것이자 선관위의 독립성을 침해한 것입니다.

⑤ 법조인에 대한 위치 확인 시도에 관하여 보겠습니다.

앞서 말씀드린 바와 같이, 피청구인은 필요시 체포할 목적으로 행해진 위치 확인 시도에 관여하였는데, 그 대상에는 퇴임한 지 얼마 되지 않은 전 대법원장 및 전 대법관도 포함되어 있었습니다. 이는 현직 법관들로 하여금 언제든지 행정부에 의한 체포 대상이 될 수 있다는 압력을 받게 하므로, 사법권의 독립을 침해한 것입니다.

지금까지 살펴본 피청구인의 법위반 행위가 피청구인을 파면할 만큼 중대한 것인지에 관하여 보겠습니다.
피청구인은 국회와의 대립 상황을 타개할 목적으로 이 사건 계엄을 선포한 후 군경을 투입시켜 국회의 헌법상 권한 행사를 방해함으로써 국민주권주의 및 민주주의를 부정하고, 병력을 투입시켜 중앙선관위를 압수수색하도록 하는 등 헌법이 정한 통치구조를 무시하였으며, 이 사건 포고령을 발령함으로써 국민의 기본권을 광범위하게 침해하였습니다.
이러한 행위는 법치국가원리와 민주국가원리의 기본원칙들을 위반한 것으로서 그 자체로 헌법질서를 침해하고 민주공화정의 안정성에 심각한 위해를 끼쳤습니다.
한편 국회가 신속하게 비상계엄해제요구 결의를 할 수 있었던 것은 시민들의 저항과 군경의 소극적인 임무 수행 덕분이었으므로, 이는 피청구인의 법 위반에 대한 중대성 판단에 영향을 미치지 않습니다.
대통령의 권한은 어디까지나 헌법에 의하여 부여받은 것입니다. 피청구인은 가장 신중히 행사되어야 할 권한인 국가긴급권을 헌법에서 정한 한계를 벗어나 행사하여 대통령으로서의 권한 행사에 대한 불신을 초래하였습니다.
피청구인이 취임한 이래 야당이 주도하고 이례적으로 많은 탄핵소추로 인하여 여러 고위공직자의 권한행사가 탄핵심판 중 정지되었습니다. 2025년도 예산안에 관하여 헌정 사상 최초로 국회 예산결산특별위원회에서 증액 없이 감액에 대해서만 야당 단독으로 의결하였습니다. 피청구인이 수립한 주요 정책들은 야당의 반대로 시행될 수 없었고, 야당은 정부가 반대하는 법률안들을 일방적으로 통과시켜 피청구인의 재의 요구와 국회의 법률안 의결이 반복되기도 하였습니다. 그 과정에서 피청구인은 야당의 전횡으로 국정이 마비되고 국익이 현저히 저해되어 가고 있다고 인식하여 이를 어떻게든 타개하여야만 한다는 막중한 책임감을 느끼게 되었을 것으로 보입니다.

피청구인이 국회의 권한 행사가 권력 남용이라거나 국정마비를 초래하는 행위라고 판단한 것은 정치적으로 존중되어야 합니다. 그러나 피청구인과 국회 사이에 발생한 대립은 일방의 책임에 속한다고 보기 어렵고, 이는 민주주의 원리에 따라 해소 되어야 할 정치의 문제입니다. 이에 관한 정치적 견해의 표명이나 공적 의사결정은 헌법상 보장되는 민주주의와 조화될 수 있는 범위에서 이루어져야 합니다.

국회는 소수의견을 존중하고 정부와의 관계에서 관용과 자제를 전제로 대화와 타협을 통하여 결론을 도출하도록 노력하였어야 합니다. 피청구인 역시 국민의 대표인 국회를 협치의 대상으로 존중하였어야 합니다. 그럼에도 불구하고 피청구인은 국회를 배제의 대상으로 삼았는데 이는 민주정치의 전제를 허무는 것으로 민주주의와 조화된다고 보기 어렵습니다.

피청구인은 국회의 권한 행사가 다수의 횡포라고 판단했더라도 헌법이 예정한 자구책을 통해 견제와 균형이 실현될 수 있도록 하였어야 합니다.

피청구인은 취임한 때로부터 약 2년 후에 치러진 국회의원선거에서 피청구인이 국정을 주도하도록 국민을 설득할 기회가 있었습니다. 그

결과가 피청구인의 의도에 부합하지 않더라도 야당을 지지한 국민의 의사를 배제하려는 시도를 하여서는 안 되었습니다.

그럼에도 불구하고 피청구인은 헌법과 법률을 위반하여 이 사건 계엄을 선포함으로써 국가긴급권 남용의 역사를 재현하여 국민을 충격에 빠트리고, 사회•경제•정•외교 전 분야에 혼란을 야기하였습니다. 국민 모두의 대통령으로서 자신을 지지하는 국민을 초월하여 사회공동체를 통합시켜야 할 책무를 위반하였습니다.

군경을 동원하여 국회 등 헌법기관의 권한을 훼손하고 국민의 기본적 인권을 침해함으로써 헌법수호의 책무를 저버리고 민주공화국의 주권자인 대한국민의 신임을 중대하게 배반하였습니다.

결국 피청구인의 위헌•위법행위는 국민의 신임을 배반한 것으로 헌법수호의 관점에서 용납될 수 없는 중대한 법 위반행위에 해당합니다. 피청구인의 법 위반행위가 헌법질서에 미친 부정적 영향과 파급효과가 중대하므로, 피청구인을 파면함으로써 얻는 헌법 수호의 이익이 대통령 파면에 따르는 국가적 손실을 압도할 정도로 크다고 인정됩니다.

이에 재판관 전원의 일치된 의견으로 주문을 선고합니다.

탄핵 사건이므로 선고시각을 확인하겠습니다. 지금 시각은 오전 11시 22분입니다.

주문, 피청구인 대통령 윤석열을 파면한다.

이것으로 선고를 마칩니다.

말잘해 앵커의 퀴즈 정답

1장 ② 축제

2장 ③ 국회

3장 ④ 인터넷을 이용해 계산

4장 ③ 출석 의원 2/3 찬성

5장 ④ 2002 한일월드컵 4강

6장 ① 권력에 순종

7장 ① 내란

8장 ③ 법원의 최종 판결이 나오면 내 의견과 맞지 않아도 수용한다.

9장 ① 탄핵심판 ② 헌법소원심판 ③ 위헌법률심판

10장 ② 60일